藝術治療團體實務研究

——以破碎家庭兒童為例

陸 雅 青・著

五南圖書出版公司 印行

摘・要

　　本研究為藝術治療團體實務工作經驗之探討，以評估由研究者本人於民國八十三年暑假於財團法人曹氏基金會全人發展中心所帶領之破碎家庭兒童藝術治療團體之歷程及治療成效為研究範圍。

　　本實驗性的兒童藝術治療團體以八位（六男二女）九～十二歲（平均年齡 10.2 歲）的破碎家庭兒童為研究對象，這些兒童同時接受為期一個半月，每週聚會兩次，每次聚會 2.5 小時，共計十次的藝術治療團體之介入。

　　本研究採前、後測及追蹤訪談之研究設計。研究工具計有兒童基本資料表、同意書、兒童自我態度問卷、小學人格測驗、房子—樹—人測驗（H-T-P）、H-T-P 測驗結果評量表、H-T-P 測驗情感特質評量表、團體錄音及錄影、團體觀察員及助理、團體結束後成員意見表及四個月後對成員家長或主要照顧者所做之電話追蹤訪談……等。依據研究設計及所使用研究工具之特質，本研究之結果為「質」傾向的探討。

　　本研究所採用之量化測驗工具，因有四位成員在後測時不認真填答，未能進行前、後測統計處理的比較分析，僅做為治療介入時的參考用。在心理投射畫方面，為求得 H-T-P 測驗的評估信度，研究者另請三位熟悉此測驗，有十年以上實務工作經驗的心理專家，針對研究者對八位成員H-T-P 測驗的結果描述，予以五等量表的記分（非常不同意—非常同意，1-5 分）。此評分者間之信度為 .70。大多數成員之 H-T-P 後測，無論在內容或線條品質上，均較前測退化。此現象或反映出成員普遍抱持「不願結束團體」、「不忍分離」的焦慮心態；亦或反映因團體之介入，使成員一些壓抑已久的情緒開始解凍的現象；亦或呈現成員對再次測驗的反感。研究者視成員在後測的退化表現是正向的，被期待的，是治療歷程中重建自我之前的必要階段。它同時意謂著藝術治療團體的介入提供強烈的情感張力，瓦解了成員慣用的、不健康的自我防禦。至於後測所顯示的對「家

庭破碎」的調適與認知則有相當大的個別差異性，大體而言，少數成員
（ M_1 和 M_2 ）仍需較積極的治療介入，而其餘成員則有賴具「支持性」的
生活情境來發展更健康的自我。

　　由「團體結束後意見表」的填答結果，研究者發現本團體的成員偏好
操作多，活動性大，討論時間較少的活動。團體結束四個月後由研究者本
人對成員家長或主要照顧者的電話訪談結果，則顯示有六位成員家長十分
肯定藝術治療團體介入的功能與持續效果。大多數的成員在待人接物的行
為方面有所改善，尤其對於「美勞」產生特殊的興趣，能關心生活周遭的
美的事物。成員在團體中的經驗所得，已成功地與學校美育課程產生新的
聯結，此新的聯結在日後定能提供成員更長遠而穩定的支持。

　　為探討團體成員在治療歷程中的表現，研究者特從五位全程參與的團
員中，隨機抽選一位（成員七），針對其在歷程中的表現（行為態度及創
作表現），及相關測驗的前、後測結果，做深入的分析。成員七在團體歷
程中的表現使研究者發現非指導式（即在「團體中作個案」）、「經常是
結構式」取向（ p. 19～20 ）的治療模式、藝術創作的創造性特質及良好
的團體互動……等因素是促成成員七及其他成員改變不良生活態度的主要
原因。研究者並發現「負面情緒的釋放」為此一特定團體在團體歷程中，
最常出現的主題。此或許意謂著為因應家庭破碎所高築的防禦，在包容、
溫暖的團體情境中，自然地瓦解。

　　大體而言，本藝術治療團體的成效是相當成功的。研究者期待能藉由
本文中對相關文獻的探討（尤其是藝術治療中媒材的使用與活動設計的理
論）、研究者本人的治療哲學，及由一位成員在整個歷程中表現的描述，
能幫助相關的心理衛生工作者了解藝術治療團體運作的理論與實務考量。
研究者亦期待此由「非指導式」取向所衍生出來的治療活動設計及流程，
能提供校園的輔導工作者及相關的實務工作人員，作為「結構式取向」破
碎家庭兒童個人或團體治療介入的參考。

目・次

圖‧目‧次

表・目・次

·第一章　緒論·

第一節　研究動機與目的

　　藝術治療被引進國內，為心理衛生相關人員所知悉、認可，不過是近幾年的事。研究者有感於實務推廣之重要，在教學及從事實務工作之餘，研究工作多半與實務相關。在多次訪視國小輔導室及相關的兒童及青少年機構時，研究者發現家庭破碎常是導致兒童及青少年產生情緒困擾及行為偏差的主因之一，遂興起從事一以此特定族群為對象，與藝術治療實務相關的研究之念頭。

　　破碎家庭兒童及青少年與社會治安的關係為近年來日益受到重視的主題。由於臺灣社會的快速變遷，破碎家庭兒童的比例增高，而他們在家庭、學校和社會的生活適應及個人的身心發展上，均面臨前所未有的考驗。統計資料顯示，臺灣地區在民國七十二年時單親家庭占所有家庭的8.09%（徐良熙、林文正，民73），少年輔導委員會在民國七十八年於臺北市北投、士林、大同三區七所國中所作之粗略調查，發現平均有10%的學生是來自破碎家庭；目前臺北市國小每一班級的破碎家庭兒童，則約占全班總人數的1/6～1/3之強（作者的粗略估計）。受到父母死亡或離婚危機的兒童，其日後較可能出現行為失調問題（Wallerstein & Kelly, 1980; Magnab, 1978）。根據中央警官學校犯罪防治研究所進行的一項「少年偏差行為早年預測的研究」報告指出，單親家庭少年犯罪是正常家庭子女的28倍（自立晚報，民86）。臺北地方法院士林分院少年法庭所作的審前少年的統計資料顯示，有22.9%的少年來自破碎家庭（士林分院少年法庭，76.10～77.10），少年輔導委員會民國七十七年的個案少年資料亦顯示，約30%的個案來自破碎家庭（樣本為495人，徐良熙、林文正，民73）。可見家庭破碎是導致少年問題行為的重要因素之一，而他們的身心發展則影響其在家庭及學校的適應。

　　從發展心理學的觀點而言，國小學童正處於「社會我」（social ego）成長時期，亦即，正處於建立符合社會的行為標準與價值體系的年

齡。兒童在此經由社會化而成為能適應社會之國民的過程中，家庭、學校及同儕所扮演的角色均非常重要。國小破碎家庭兒童的情緒及行為困擾，若能以同儕治療或成長團體的形式來進行，常能達到事半功倍的效果，可說是在協助兒童適應家庭破碎的眾多途徑中，一種最有效的輔導方式（Cantor, 1977; Hammond, 1979），亦是目前國內小學輔導室在破碎家庭兒童的輔導上，最常利用的方式之一。

兒童對父母離異的反應或有些個別性的差異，也和他們所處的年齡（Parish & Wigle, 1985; Westman, 1983），性別（Guidubaldi & Perry, 1985; Kalter, Riemer），父母離異後的心理健康（Guidabaldi & Perry, 1984; Saucier & Amber, 1983; Schoetlle & Cantwell, 1980），及孩子對自我的概念（Guidabaldi & Perry, 1985; Hammond, 1979; Rubin & Price, 1979）等因素有關。父母離異對大多數的兒童而言，是一種心靈上的創傷，在所承受的壓力程度上，也僅次於父母之一死亡對兒童的打擊（Coddington, 1972）。這些兒童在情緒及行為上常出現下列幾項重要的特徵：食慾不振、具攻擊性、焦慮、憤怒、悲傷、睡眠困擾、做白日夢、有罪惡感、低學業成就及伴有憂鬱情緒……等（Kelly & Wallerstein, 1977）。換言之，家庭破碎影響了兒童的情緒和行為，使得他們產生了適應上的困難。

作者為美國藝術治療協會（American Art Therapy Association）所認可，並檢定合格之藝術治療師（Art Therapist Registered-Board Certified，簡稱 A.T.R.-B.C.）。從實務經驗中，作者十分肯定藝術治療介入對破碎家庭兒童的幫助，故希望藉此一「研究」之機會，對自己所帶之兒童藝術治療團體，作一較客觀的評估。此外，也期望將個人的藝術治療理念與技巧和其他從事兒童輔導的實務工作者分享。

依據上述研究動機，本研究之目的有三：

一、評估以研究者本人為團體領導者所帶領之破碎家庭兒童藝術治療團體的治療成效。

二、從其中一位成員之團體歷程表現來探討破碎家庭兒童藝術治療團

體中的治療性要素（therapeutic factors），及研究者以「非指導式」、「經常是結構式」取向治療模式所發展出來的活動設計結果。

三、整理文獻資料及研究結果，提出具體建議，以供相關的實務工作者參考。

第二節　研究問題

本研究所欲探討的問題為：

一、此一藝術治療團體對有情緒及行為困擾的破碎家庭兒童是否有影響？若有，其因素何在？

二、團體結束後成員意見表及家長在團體結束後四個月的電話追蹤訪談是否能驗證藝術治療的成效？

第三節　名詞詮釋

一、藝術治療（Arts therapies）

藝術治療又稱藝術心理治療（Arts Psychotherapies）、表現性或創造性治療（Expressive or Creative Therapies），為結合心理治療與表現性藝術（如音樂、舞蹈、戲劇、詩詞、視覺藝術……等）兩大領域的心理衛生專業。

在本研究中所指的兒童藝術治療團體，乃是以視覺藝術為主，其他藝術形式及語言（verbal）為輔的兒童心理治療團體。

二、破碎家庭兒童（Children from broken familes）

本研究中所指的破碎家庭兒童乃是其父母離婚、分居、遭一方遺棄、一方死亡或父母雙亡的兒童而言。在本研究中的破碎家庭兒童包括自幼喪父（2位）、喪母（1位）、父母雙亡（1位）、非婚生子（1位）及父母

離異（3位）者，其中有四位為育幼院院童。雖然一般破碎家庭兒童與育幼院院童之成長環境不同，但在本研究中因考慮其均為國小階段學齡兒童，在現實生活中共同面臨此發展階段中所需處理的職務（tasks），且均因家庭破碎而產生不同程度的情緒及行為困擾，故一律以「破碎家庭」兒童稱謂之。

| 第四節　研究範圍與限制

　　本研究以研究者於民國八十三年暑假，在曹氏基金會全人發展中心（臺北市民生東路二段58號六樓）所帶領之破碎家庭兒童藝術治療團體為研究範圍，基於時間、人力、樣本、場地及研究設計……等困難，使本研究遭到如下幾點限制：

　　兒童之獨立性低，出席團體聚會均需成人接送。如在本研究中有一位育幼院兒童因院方人手不足，有三次缺席記錄，影響結果甚鉅。

　　由於國內的藝術治療師人數相當有限（團體進行期間，研究者爲國內唯一具藝術治療師執照者），實證性論文的研究進行困難。故在本研究中，研究者本人亦身兼治療團體的領導者。研究者對此兩個角色的界定是：在團體進行期間均以團體領導者的角色出現，其中包括團體領導、與成員主要照顧者之晤談及與觀察員、助理在每次活動後的檢討；團體開始前之資料蒐集、計畫擬訂及之後之評估及撰文，則是以研究者的立場來作業。

　　本研究受限於時間和人力，只利用一個暑假進行短期的藝術治療團體，未能針對成員的個別因素，提供更佳的治療形式。

　　國內、外有關藝術治療方面的研究普遍缺乏。藝術治療在精神醫療的領域中仍屬新興的專業（三十多年的歷史）。早期的文獻大多傾向理論的探索和思辨。如同大多數人文及社會科學的研究一般，1980年代藝術治療的相關研究，也大都因其研究設計的缺失而影響到其研究成果的客觀性（Anderson, 1983）。因此，本研究中之文獻探討，大都取自其他的相關

領域，盼能對所欲釐清的問題有所助益。

　　團體結束後二十週由團體領導者對所有學員之家長或主要照顧者所作的電話追蹤訪談，雖然領導者已預設訪談的主題，期望以結構化的方式進行訪談，然因並非所有家長均能有效配合，使得訪談時間少自二分鐘多至三十分鐘（每人），且受訪對象對每位學員當時適應情況之了解程度不一，難免會影響到團體結束後追蹤評估的客觀性。

·第二章　文獻探討·

第一節　藝術治療的理論背景

藝術治療的相關理論為銜接「藝術」與「心理治療」間的重要依據，亦是在本文中所提及的藝術治療團體，治療介入的學理憑藉。在本節，我們將依序檢討藝術治療的發展，藝術治療的意義與特質，藝術治療中的治療關係，藝術治療的進行方式，媒材使用與活動設計的理論及有關繪畫詮釋的理論。

一、藝術治療的發展

藝術治療之緣起，可推溯到史前人類的岩洞壁畫（cave drawings）。這些繪畫表現了原始人類與當時世界的關係和其對生命的探討（Wadeson, 1980）。古埃及時代，相傳 Imhotep 用藝術活動來治療精神病患。中國的莊子，亦在其著作《莊子》中，主張透過對藝術的觀照（Contemplation），人方能超越自我。1880 年左右，義大利人 Lombroso 在醫院應用藝術活動來紓解病人的身心障礙。1900 年初期，心理學大師 Freud 以意象（image），尤其是心象（mental image）和夢中的印象，來作精神分析式的心理治療，而其門生 Jung，亦常在心理治療活動中，鼓勵病人用繪畫的形式，將自己的心象和夢記錄下來。1920 年代，德國的精神科醫師 Prinzhorn 從治療中，發現病人的繪畫作品表達了個人的心路歷程，可作為診斷病情發展的工具。Nolam 和 Lewis 亦在 1925 年開始對成人精神官能症（neurosis）患者實施自由繪畫（Naumburg, 1974），而 Stern 則亦於同年以心理分析的方式來解析精神官能症患者的自由繪畫（Levick, Goldman & Fink, 1976）。

近代藝術治療的成長起因於 1930～1940 年代的精神治療運動（psychiatric movement）。此運動主要受到 Freud 和 Jung 兩位心理學家的影響，特別強調潛意識（unconsciousness）和象徵化（symbolization）的作用，因此當時的藝術治療純然屬於心理分析導向。1930 年代，

Margaret Naumburg 建立了運用藝術的表達做爲治療的模式。此模式與精神分析取向的心理治療有密切關聯。Naumburg 的藝術治療模式,強調「分析」(analysis)和動力(dynamic),鼓勵病患作自發的描繪,並對其圖畫加以自由聯想和解析(Arnheim, 1984; Naumburg, 1966; Wadeson, 1980)。依此模式來應用藝術是心理分析闡釋的延伸,亦是一對一治療關係的重點。至此,「藝術」方成爲一種基本治療的方法,而非其他方法的補助治療(Naumburg, 1958, 1966),「藝術治療」正式成爲精神醫療領域裡的一個專有名詞。

1950 年代,藝術教師 Elinor Ulman(1910～1991)致力於殘障兒童的藝術教育,並發展藝術治療可用於各種不同團體的理念。1955 年到 1965 年的十年期間,她受雇於美國華府的綜合醫院(D. C. General Hospital),從事藝術治療的工作,並在此期間發展日後被廣受重視的「Ulman 評估程序」(Ulman Assessment Procedures)(Williams, 1992; Kramer, Levy & Gardner, 1992)。同年代,Edith Kramer 以其在從事兒童的密集治療經驗中,建立了一種矛盾理論的觀點。雖然其理論也和心理分析概念有關,但她的理論和治療重點在於創造性藝術過程本身固有的治癒特性。Kramer 認爲藝術治療是心理治療的輔助,藉著它幫助當事人發洩存在潛意識的東西,而不必消除其防衛(defense)。這種象徵性經驗的結果,當事人能在安全的環境及被保護之下,試驗其行爲改變(黃月霞,民 79)。Kramer 和 Naumburg 各持不同的立論觀點,此二論點一直成爲藝術治療專業內的兩極。Naumburg 強調透過藝術的形式做爲治療中頓悟(insight)的基礎;Kramer 強調藝術創作過程和藝術昇華作用在治療中的功效(侯禎塘,民 76)。Kramer 主張讓當事人參與團體,在團體中,藝術活動和其產品均是治療性環境的一部分,而團體的領導者則扮演著藝術家、藝術教師和治療師三種角色。Kramer 的理念對藝術治療的影響,一直持續至今。1950 年代後期,Viktor Lowenfeld 研究兒童繪畫和智力發展的關係。Lowenfeld 以 Piaget 的兒童發展理論爲基礎,發展了其「繪畫發展階段說」,奠定了在兒童藝術治療中繪畫詮釋的

根基，並開創了藝術教育治療的新模式。

　　1960 年代的藝術治療儼然已成為被承認的專業。1962 年 Naumburg 和 Ulman 共同創立了「藝術治療公報」（The Bulletin of Art Therapy），此刊物乃為「美國藝術治療期刊」（American Journal of Art Therapy）的前身。再則，美國藝術治療協會（American Art Therapy Association，簡稱 AATA）於 1969 年在 Kentucky 的 Louisville 市成立，為藝術治療專業領域的發展邁步向前。目前該會已建立可信賴的藝術治療課程標準，評選合於此標準的訓練課程，以培養專業的藝術治療師，並建立專業資格的登記制度。據 AATA1994〜1995 年會員普查報告的結果顯示，該會會員總數為 4750 人，來自包括美國在內的 24 個國家，而已具「登記藝術治療師」（Registered Art Therapist，簡稱 A.T.R.）資格者則約占半數（Pearson, Walker, Martinek-Smith, Knapp & Weaver, 1996）。

　　1960 年代人文主義的思潮，及 Carl Rogers 以案主為中心的治療方式，亦對藝術治療的發展，有重大的影響。Rogers 的基本假設是：人在本質上是值得信賴的；由於他們本身具備了解自己與解決自身問題的無比潛力，因此，在治療者方面便無直接介入的必要；如果他們真正地投入治療關係中，便能朝向自己訂定的方向成長（鍾思嘉，民 77）。至此，藝術治療除了應用在心智殘障者的醫療和特殊兒童的教育之外，亦成為一般人追求自我實現和自我成長的管道。

　　藝術治療的發展在 1970 年代產生了一些變化。Kwiakowska 將 Kramer 的團體治療擴大到家族團體，成為藝術治療和家族治療結合的濫觴（Ulman, Kramer & Kwiakowska, 1978）。Rhyne（1973）亦將藝術引進到正常人的團體，以擴展並豐富其生活經驗。她將完形治療的技巧應用於藝術活動中，以激發成員的自我表達、自我覺知和團體互動。因此，藝術治療被視為協助改變一般人的人格或生活方式的一種方法。

　　藝術治療從早期以心理分析的理論與技術為取向，發展到今日百家齊鳴的狀態。根據治療師所採用的不同哲學觀點，如存在主義治療、理情治

療、完形治療、當事人中心治療、溝通分析治療、身體工作治療和認知行為治療等的哲學觀,而各有其理論模式與方法(Rubin, 1987; Stamatelos & Mott, 1983; Wadeson, 1980; Williams & Wood, 1977)。目前的藝術治療形式,除了以個別、團體、伴侶(couple)和家庭為單位來進行之外,由於所有的表現性治療(即創造性治療或所謂的廣義的藝術治療,其中包括視覺藝術、音樂、舞蹈、戲劇、詩詞等形式的治療)的理論發展已臻成熟,不同形式藝術治療的關係廣泛地被探討,因此,在藝術治療的技法上,亦鼓勵治療師在治療中能靈活地運用不同的表現性技法(Blatner, 1991; Lusebrink, 1991; 陸雅青,民 82),以及探討不同文化間的關係(multiculturalism),來開拓藝術治療的新領域。

二、藝術治療的意義和特質

美國藝術治療協會給藝術治療所下的定義是:

藝術治療提供了非語言的表達和溝通機會。在藝術治療的領域中有兩個主要的取向:一、藝術創作即是治療,而創作的過程可以緩和情緒上的衝突並有助於自我認識和自我成長;二、若把藝術應用於心理治療中,則其中所產生的作品和作品的一些聯想,對於個人維持內在世界與外在世界平衡一致的關係有極大的幫助。

藝術治療就如藝術教育一般,可以教導當事人技巧及使用材料的方法。藝術若被用於治療中,那麼治療師給個人的指示提供了自我表現、自我溝通和自我成長的機會;藝術治療較關心的是個人的內在經驗而非最後的產品。在藝術治療中,治療的過程、方式、內容和聯想變得非常重要,因為每一部分都反映出個人的人格發展、人格特質和潛意識。(Wadeson, 1980)

由此定義可知藝術治療的兩種取向,一為心理分析取向的藝術治療模式。在此模式中,藝術成為非語言的溝通媒介。配合當事人對其創作的一些聯想和詮釋來抒發其負面情緒、解開心結。另一種取向則傾向於藝術本

質論。透過藝術創作的過程，緩和情感上的衝突，提高當事人對事物的洞察力或達到情緒淨化的效果。以上的兩種取向，都是把藝術當作表達個人內在和外在經驗的橋樑（Edwards, 1976; Irwin, 1984; Stewart, 1984；侯禎塘，民 76），使當事人能透過創作釋放不安的情緒，將舊有的經驗加以澄清。在將意念化為具體形象的過程中，傳遞出個人目前的需求與情緒，經過分享和討論，使其人格獲得統整。

屬於心理治療法之一的藝術治療，具有下列幾項特質：

(1)藝術治療的表達，常運用心象作思考。此種心象思考，屬於直覺式的思考方式，往往能透露潛意識的內容。

(2)藝術治療因具非語言溝通的特質，治療的對象較一般心理治療為廣。舉凡智能不足者、幼兒、喪失語言功能者等均能接受藝術治療。

(3)在藝術創作的過程中，當事人較能投入於事件的主體，降低防衛心理，而讓潛意識的內容自然地浮現，是建立良好關係的有效方法。

(4)藝術創作可以是一種憤怒、敵視感覺的發洩，它是一種能被社會所接受，且不會傷害到他人的發洩方法。

(5)藝術是一種自發與自控行為。經由創作的過程，當事人的情緒得以緩和。

(6)藝術治療中的創作品為當事人意念和情感的具體呈現，透過此具體的形象，當事人得以統整其情感和意念。

(7)藝術提供治療師從中獲得當事人的潛意識素材，而不必騷擾到其脆弱的或需要的防衛機轉。

(8)藝術治療的成品是一種診斷指標，可用來做個案其他資料的補充。治療師亦可從當事人一連串作品的表現中來評估其病情的發展。

(9)當藝術治療團體中的團員在陳述其作品，和團體分享時，常能喚起或刺激旁觀成員的情緒反應，加強其他成員積極參與活動的動機，增進團體的互動和凝聚力。

(10)藝術涉及到當事人應用其知能和感官。藝術治療可促進幼兒的感覺統合，或成為某些病人的復健方式之一。

(11)藝術的表達具有時空的整合性。當事人能將所表達的思想和情緒關聯到過去事件、現在、甚至投射到未來。

(12)由藝術創作的過程中，當事人能直接經歷到能量的改變，創造的潛能得以釋放（侯禎塘，民 76；黃月霞，民 79；陸雅青，民 88）。

(13)藝術治療中的藝術經驗能與學校的藝術教育或社會的藝術活動產生巧妙的聯結。定期從事或參與藝術活動可提供當事人長期而穩定的心理支持。

一般人常對藝術治療師的角色功能與藝術家、藝術教師與職能治療師產生混淆。藝術治療師與藝術家的異同是兩者均具有高度藝術創作的能力，但前者在與對象做藝術治療時，其藝術創作是客觀性的，依情境的需要而存在，此與藝術家主觀的創作有極大的分野。藝術治療師可能曾經是一位藝術家或藝術教師，但他們若要成為藝術治療師，則必須要接受心理治療的訓練及具被治療的經驗，以增加對自我的了解及洞察力。藝術治療與職能治療之間之混淆，則因醫療系統的行政部門常將藝術治療師的工作安置在職能治療部門之下而產生。職能治療所關注的是意識層面的部分，讓病人在製作成品時發展其技巧；而藝術治療則是以鼓勵個案自由聯想及自由地表現為主，並不十分重視技巧的養成及作品的好壞（Dalley, 1984）。

許多人都誤以為藝術治療的對象，必須是要具有繪畫天份或基礎的人。事實上，藝術治療適用於各種團體的成員或個人（Dalley, 1984; Rhyne, 1973; Wadeson, 1980, 1987；侯禎塘，民 76；賴念華，民 83）。近年來，許多不同學派的藝術治療實務工作者發現，絕大部分透過藝術治療成功的個案，是那些少有繪畫或創作表現經驗的人。往往藝術家在參與藝術治療團體或工作坊時，必須暫時拋開已知的繪畫技巧，以讓其自發性（spontaneity）及自我表露的能力自然地浮現。

最後，藝術治療被認為是一種迷失（myth）或與神祕的巫術有關聯之處，在於藝術治療師詮釋作品的能力。藝術治療師是否應詮釋當事人的作品，在此專業領域中仍是個見人見智的問題。在藝術治療師的培訓過程

中，此種能力的養成是必要的，但在從事實務工作時，是否該詮釋當事人的作品，可視治療師個人的治療理念，所治療的對象（一般人／精神病患、成人／兒童、高功能者／低功能者），治療的時機和歷程等因素來決定。大體而言，當事人被公認是最有資格解釋自己創作的人（但並非所有的當事人都有此口語表達的能力，如幼兒、喪失語言功能者……等）。有些藝術治療工作者主張：無論是經驗多麼豐富的藝術治療師，都不應去「解釋」任何當事人的作品，除非是在一個信任、開放且安全的治療關係中才可做（Dalley, 1984; Wadeson, 1980, 1987）。

　　主張在治療工作中應去詮釋當事人的創作者，是那些比較精神分析取向的藝術治療師。創作的歷程對他們而言，並不如成品來得重要。當然，他們必須受過嚴謹的精神分析訓練，並具有豐富的治療經驗，才能了解作品中的符號象徵（Levick, 1983; Levick, Safran & Levine, 1990; Liebmann, 1986）。

　　研究者以為當事人作品的詮釋，無論是在個案或團體進行中，均可因時、因人而有不同的取向。在團體中，作品的詮釋與團體動力的進行息息相關；它可以來自創作者本人、其他團員或領導者。當事者與自己作品的對話固然重要，其他成員或領導者的建議或觀點，亦常能刺激當事人進一步去思索，洞察更深層的內在。值得注意的是，在詮釋他人創作時，多少有詮釋者個人經驗的投射，因此，只能說提供創作者另一個看作品的角度而已，與作品中是否存在這些特質無絕對關係。

三、藝術治療中的治療關係

　　治療關係乃指從治療開始、發展、成熟到結束的過程中，治療者與當事人的關係而言。藝術治療中治療師與當事人的關係，除了一般性心理治療關係外，尚有特殊的治療關係。藝術治療的治療關係形式，除了個別的一對一的諮商關係或治療團體的團員間之互動關係外，尚須顧慮個體與藝術作品間的關係。亦即，在藝術治療中，藝術創作—治療師—當事人，三者間形成一個三角形。藝術創作是心理治療的一個過程（Liebmann,

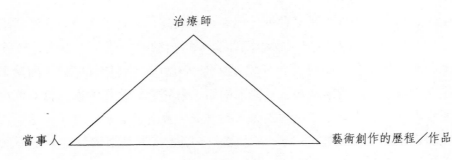

圖 2-1-1　藝術治療中治療師、當事人及作品的關係

1990; Lewis, 1990），當事人與治療師之間多了一個關係，即是創作的作品及創作的歷程（如圖 2-1-1 所示）。

　　藝術治療中的藝術作品乃當事人或團體成員自我表達的延伸，必須受到尊重。因此，美國藝術治療協會（American Art Therapy Association，簡稱 AATA）在其倫理法規（AATA, 1995, 見附錄一）中，明確地規定治療師、當事人、及藝術創作品的關係。藝術治療師需以審慎的態度來處理當事人的藝術創作，不只在過程中的拍照、錄影記錄均需獲得當事人的書面同意，且在治療關係結束後，需將原件全數送還當事人。

　　接受藝術治療的當事人或團體成員，或許會在治療初期，覺得自己在治療中的藝術作品毫無意義。然而，隨著治療歷程的演進，在藝術治療師以肯定、關心和完全包容任何形式的創作之態度下，當事人則會漸漸地對自己的創作有信心，並重新審視作品的意義和價值。

　　藝術治療師認為當事人的藝術表現乃是其認知及情感的表露。因此，治療師不宜取代當事人，而隨意地詮釋當事人的作品，尤其不能提供絕對肯定的解釋，或對當事人的解說，給予過度的指導或建議。治療師只能以試探性的語氣，協助當事人去探索自我，及發現其個人內在的潛能（Chapin, 1980）。一般而言，在藝術治療關係中，治療師應把握下列的幾項原則：

1. 處理當事人藝術作品的步驟

當事人完成一件藝術創作時，治療師應讓當事人陳述其表現內容，並針對作品中含糊不清或當事人陳述不清和忽略之處加以澄清，以使當事人及治療師均能了解作品的涵義，不妄加推斷或揣測。治療師並隨時依當事人陳述的方向作引導，以了解那些事物對當事人較為重要，並針對作品中的特殊徵兆加以反映，以協助當事人更進一步地探索自我。

治療師以開放的態度，接納當事人的陳述，同理當事人的感受。若當事人願意更深入地探討其創作的內容，則治療師可以適時地推進；否則，則應尊重當事人的意願，不得要求每件作品均得深入探討。其實，若干在該次創作中所出現的重要題材或訊息，即使當事人在該次治療中不願分享，在後來的治療中，亦可能在相同或不同形式的藝術創作中再現出來。治療師的主要任務在於提高當事人對自我的洞察力，鼓勵當事人自我探索。

2. 尋求內在的自我支持

藝術治療初期，當事人或許會致力於提昇藝術創作的品質以取悅治療師。為導正當事人的觀念，治療師應逐漸引導當事人從原本尋求外在的支持（ external support ），導向內在的自持，加強當事人創作的內涵，使當事人了解藝術表現的意義，乃在於表達自己的思想和情感；藝術表現應盡量與自己的思想和情感相一致，不需在創作的技法上投注太多的精力，亦不需為迎合治療師或其他團體成員的喜好而創作。

接受藝術治療的當事人，不見得有豐富的藝術創作經驗，因此常會想起在學校上美術課的經驗，把治療關係比擬作師生的關係，力求創作品的優美。當此種現象產生時，藝術治療師應讓當事人了解治療的目的與關係不同於藝術教育。治療師不批判藝術創作的優劣，而以包容、接納的心態鼓勵當事人表達自己的期望、感受……等，引導當事人從自我探索的過程中洞察新的事物。

3. 保　密

藝術治療活動中成員的作品，不宜公開展覽，只能公開於團體治療時的經驗分享，或供從事個案研討及學術研究之用，且對當事人的真實身份應加以隱藏，或改變相關的細節，使當事人之身份不因被曝光而遭受傷害。

4. 藝術作品的所有權

藝術治療過程中當事人所作的藝術作品，應屬於當事人所有。治療師若需使用當事人的藝術創作，或挪做他用時，必須取得當事人的允諾。

5. 藝術治療師對當事人藝術表現的參與

一般而言，治療師對當事人的藝術表現，基於下列三點理由，不宜多加干涉或給予過多的建議：

(1)藝術治療所探討的範圍是當事人的生活，而非治療師的生活。

(2)大部分的治療對象都缺乏藝術表現的技巧，治療師豐富的藝術創作經驗和技巧，將會使當事人心理感受到威脅和挫折感。

(3)治療師的介入或取代當事人的藝術表現活動，將會剝奪當事人可茲運用的治療活動時間，減少當事人自我表現及自我探索的機會（Kramer, 1979; Wadeson, 1980）。

以上幾點在美國藝術治療協會中的倫理法規中均有明確的規定（詳見附錄一），事實上，藝術治療師（符合該協會之規定，可使用此頭銜者）只要在治療中不違背倫理法規，可依個人的人格特質和治療哲學及治療對象的類別，而發展出有個人特色的藝術治療風格。

四、藝術治療的進行方式

因藝術治療師不同的治療取向，在進行過程中亦會有所差異，以下謹介紹一些藝術治療在實務工作上的進行方法：

Dalley（1984）以為藝術治療實務工作之進行，大致可以分為兩個階

段：

1. 創作活動

在一連串繪畫或其他形式的創造性活動中，提供當事人在一個孤立的感覺中，去自我反映，並退回到自己的小天地中。

2. 分享討論

創作完成後，則是將焦點投注到作品上，並開始一連串的討論與分享，如當事人在創作時的心路歷程。主題討論的範圍可以從個人的困擾或其他內在心靈深處為出發點，亦可以僅止於較表面，或外顯快樂的部分，這些均依治療的目標來決定。

Liebmann（1986）以結構、非結構形式在一條數線上來看團體進行的方式。每位治療師可依團體之目標與特質來決定團體的形式（見圖2-1-2）。該數線上所描述的團體形式，它們彼此之間並非截然劃分的，而是富有彈性的。A 所呈現的團體特色是具一般性目的、結構式的團體，所探討的主題十分明確；B 所呈現的團體特色與 A 較為相近，但治療師偶爾會視團體的情形，在團體中處理較個別化而深層的問題；C 所呈現的

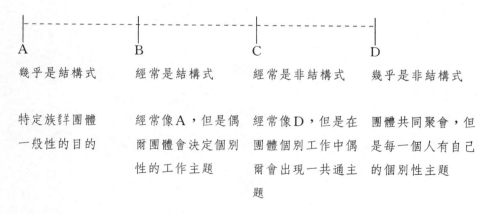

A	B	C	D
幾乎是結構式	經常是結構式	經常是非結構式	幾乎是非結構式
特定族群團體一般性的目的	經常像A，但是偶爾團體會決定個別性的工作主題	經常像D，但是在團體個別工作中偶爾會出現一共通主題	團體共同聚會，但是每一個人有自己的個別性主題

圖 2-1-2　藝術治療團體進行的方式（Liebmann, 1986）

團體特色是較屬於在團體中處理個別性的問題，但在此過程中團體偶爾會出現一個共同的主題；D 所呈現的團體形式是成員雖共處在一個團體中，但每一位成員按自己的狀況和需要去處理自己的問題。團體進行過程亦分為暖身、創作活動及分享討論三個階段。因此，每位領導者會依自己的風格、取向來決定團體進行的方式。

　　Nucho（1987）認為團體進行可分為四個階段，即暖身、創作、討論、分享和結束，而此四階段在時間的分配上會依治療對象年齡層的不同而有所差異。由圖 2-1-3 可知兒童團體有較長的創作時間，而其他程序所花費的時間比例，均較別的團體短。

　　兒童在剛開始暖身階段，由於大家尚不熟悉，不能完全開放自己，所以投入程度較低；在創作的階段，因為可感受到自我和作品的聯結，所以投入的程度達到最高點；而在討論分享階段，由於兒童的口語表達能力有限，故而此階段的時間較短，以避免兒童覺得時間過於冗長而煩躁；至於結束階段則是治療師為該次的活動做一個統整及摘要，而適切地結束，切忌勿讓任何情感、行為或思維漫然地擴張。若覺得一次的團體治療時間不

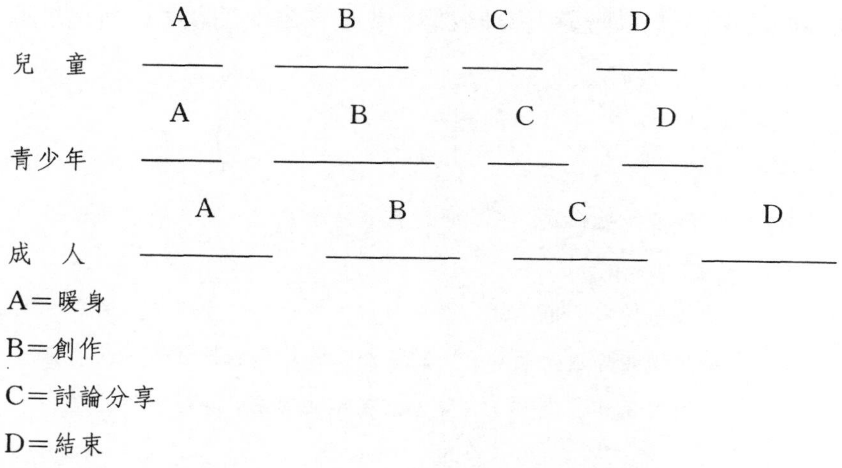

```
           A          B          C          D
兒　童   ─────    ─────    ─────    ─────

           A          B          C          D
青少年   ─────    ─────    ─────    ─────

           A          B          C          D
成　人   ─────    ─────    ─────    ─────
```

A＝暖身
B＝創作
C＝討論分享
D＝結束

圖 2-1-3　不同對象在藝術治療團體過程中各階段的時間長度（Nucho, 1987）

足，可先適切結束，到下一次團體聚會時繼續處理未完成的問題。

研究者將本文所提及的藝術治療團體定位為「經常是結構式」取向的兒童團體。雖然在團體開始之初，領導者並無具體的治療活動方案，但在每一次團體聚會結束後，經研討，下一次的團體聚會仍有成員共同探討的主題。

五、藝術治療中有關媒材使用與活動設計的理論

藝術治療之理論，除了引用心理治療的學說和技法外，由於使用藝術媒材介入於治療活動中，故而也衍生了一些此專業領域裡較具本質性的理論，提供每位藝術治療師在治療時一最基本的架構作參考，其間包括表現性治療層次架構（Expressive Therapy Continuum，簡稱 ETC）和媒材層次架構（Media Dimension Variables，簡稱 MDV）（Lusebrink, 1990, 1992）。

(一)表現性治療層次架構（Expressive Therapy Continuum, ETC）

ETC 若依照等級順序可區分為四個層次，即動覺／感覺（K/S）、知覺／情感（P/A）、認知／象徵（C/Sy）及創造性（Cr.），見圖 2-1-4。前三個層次均為數線的概念，如動覺和感覺分別為第一層次數線的兩端點，其安排是根據認知和情緒發展的複雜順序而定的，而創造性的（Cr.）層次則貫穿上述所有的層次。因此，屬於任何一種層次的藝術表現，都可以達到創造性的階段，而 ETC 的每一層次均具有治療的特質。ETC 理論之衍生，初以視覺藝術為主，近年來更廣為應用到其他藝術形式的表現性治療中（如音樂、舞蹈、演劇……等）。治療師可依此架構來識別治療對象之藝術表現之所屬層次，並提出應對的策略（見圖 2-1-4、圖 2-1-5 及表 2-1-1）。

(二)媒材層次架構（Media Dimension Variables, MDV）

媒材層次架構（MDV）主要由三個概念所架構而成，即複雜度

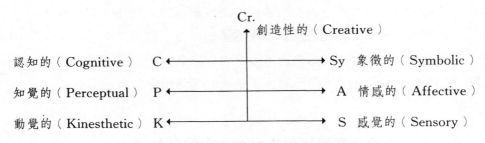

圖 2-1-4　表現性治療層次架構（ETC）

（Complexity）、結構性（Structure）和媒材本質（Pure media proper-
ties）。以下謹將此三要素詳加說明。

　　1.複雜度（Complexity）：在藝術治療活動中，操作性的程序或步
驟低於三者為低複雜度，高於三者則為高複雜度。

　　　　低複雜度　　　　　　　　　　　　高複雜度
　　Low complexity ──────── High complexity
　　　　（LC）　　　　　　　　　　　　（HC）

　　2.結構性（Structure）：在藝術治療活動中有關行為的限制、規則
或指導的次數。

　　　　非結構性　　　　　　　　　　　結構性
　　Unstructured ──────── Structured
　　　　（US）　　　　　　　　　　　（S）

　　3.媒材本質（Pure media properties）：媒材本身之結構性。

　　　　流質　　　　　　　　　　　硬質
　　Fluid ──────── Resistive
　　　　（F）　　　　　　　　　　（R）

　　每個藝術治療活動均可以此三要素來考量，其間的排列組合共分為八
種：

　　1.高複雜度，非結構性，流質（HCUF）　如：油畫創作
　　2.低複雜度，非結構性，流質（LCUF）　如：吹畫

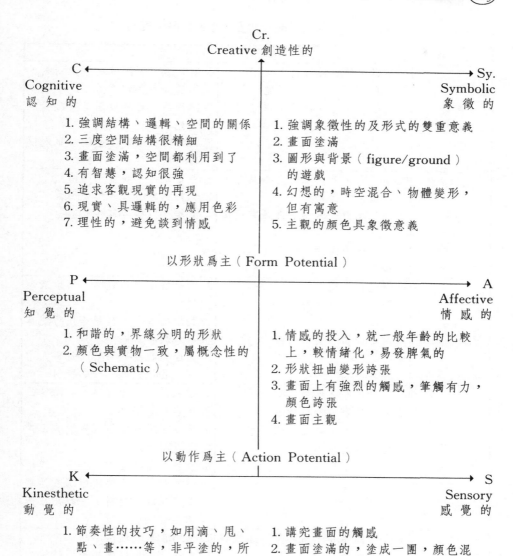

Cr.
Creative 創造性的

C ←——————————————————————————→ Sy.

Cognitive
認 知 的

Symbolic
象 徵 的

1. 強調結構、邏輯、空間的關係
2. 三度空間結構很精細
3. 畫面塗滿，空間都利用到了
4. 有智慧，認知很強
5. 追求客觀現實的再現
6. 現實、具邏輯的，應用色彩
7. 理性的，避免談到情感

1. 強調象徵性的及形式的雙重意義
2. 畫面塗滿
3. 圖形與背景（figure/ground）
　 的遊戲
4. 幻想的，時空混合、物體變形，
　 但有寓意
5. 主觀的顏色具象徵意義

以形狀為主（Form Potential）

P ←——————————————————————————→ A

Perceptual
知 覺 的

Affective
情 感 的

1. 和諧的，界線分明的形狀
2. 顏色與實物一致，屬概念性的
　（Schematic）

1. 情感的投入，就一般年齡的比較
　 上，較情緒化，易發脾氣的
2. 形狀扭曲變形誇張
3. 畫面上有強烈的觸感，筆觸有力，
　 顏色誇張
4. 畫面主觀

以動作為主（Action Potential）

K ←——————————————————————————→ S

Kinesthetic
動 覺 的

Sensory
感 覺 的

1. 節奏性的技巧，如用滴、甩、
　 點、畫……等，非平塗的，所
　 以有空白
2. 筆法有節奏性的，例如點、線
　 ，或某些簡易造型的反覆使用

1. 講究畫面的觸感
2. 畫面塗滿的，塗成一團，顏色混
　 合
3. 可能用手直接塗抹這些材料

圖 2-1-5　藝術治療中的表現形式和表現性治療架構

Expressive Styles in Art Therapy & The Expressive Therapy Continuum（ETC）

表 2-1-1　內在經驗與視覺表現的特徵與策略

層　次	病　態　特　徵	策　　略
運動 Kinesthetic	1. 過動，破壞性行爲多 2. 易衝動，行爲無法統整 3. 無法從自己的行爲中得到回饋	1. 有效地限制環境，減少刺激，不要分散其注意力 2. 讓當事人自述或用身體接觸他（她） 3. 治療師做示範，並讓當事人模仿，以提昇其現實感
感覺 Sensory	1. 易焦慮，無法承受內心壓力，易低潮，慢條斯理 2. 無意志力，常莫名奇妙有些傷感 3. 易幻想，浪漫 4. 動作緩慢	1. 讓當事人了解自己的情感 2. 以動作來表現，如使用節奏性音樂，以提昇其現實感
知覺 Perceptual	1. 僵硬化，組織具體 2. 孤立，缺乏整體性，不能將細部組合 3. 缺乏感情或壓抑情感	1. 建議當事人以觀察、寫生來表達情感 2. 利用聽音樂、冥想等技巧使當事人放鬆身體 3. 透過具體步驟來幫助當事人了解，和他（她）一起探討
情感 Affective	1. 壓抑情感，反射情感於環境中 2. 由幻想表現內心情感 3. 形式扭曲，缺乏組織 4. 強烈的色彩	1. 強調形狀，和當事人討論作品與事實的差異 2. 不要使用直接用到觸覺的工具 3. 環境要有限制 4. 最好用結構性強、方便、或精細的材料，不要用水彩或油畫等流質性的材料，並找出象徵意義
認知 Cognitive	1. 形式固定化，僵硬化，組織具體的感覺 2. 缺乏類化，統整 3. 形成分析，重細部	1. 幫助當事人理清思緒 2. 在談話的過程中給予回饋 3. 讓當事人自己藉著觸摸事物來說出他自己內心的感覺
象徵 Symbolic	1. 象徵性的認同 2. 易幻想，神祕，無情感參照	1. 探討象徵符號之意義 2. 把感覺具象化，將主題引導到此時此地（here & now）來探討

3. 高複雜度，　結構性，流質（HCSF）　　如：蠟染

4. 低複雜度，　結構性，流質（LCSF）　　如：書法臨帖

5. 高複雜度，非結構性，硬質（HCUR）　　如：金屬構成

6. 低複雜度，非結構性，硬質（LCUR）　　如：撕貼畫

7. 高複雜度，　結構性，硬質（HCSR）　　如：磁磚鑲嵌（mosaic）

8. 低複雜度，　結構性，硬質（LCSR）　　如：對稱性剪紙

在藝術媒材選用時，除了 MDV 的概念以外，尚可以考慮到媒材的潛力（potentials），即此媒材是否有更多的使用方式，使用該媒材時所需具備的能力和條件，是否需要利用到中介物（mediator，即工具，如筆、雕刻刀……等）和使用該媒材時所可能產生的反映距離（reflective distance）。MDV 和反映距離影響治療對象和藝術媒材間的互動。

不同層次的藝術表現各有其利於表現的媒材，而當事人與媒材之間的互動便形成了一個系統。不同層次間的互動在藝術治療中，旨在於使當事人能達成治療的目標（因人因時而異）。在 ETC 三個不同層次中，屬於數線上兩極點的不同特質，可以互相地增強彼此，和 MDV 一同來使用，則每個層次有下列的不同技法：

・動覺／感覺（K/S）層次

K/S 層次中的動覺部分主要是強調精力的發洩，使精力透過具體的行動表現出來；感覺部分則強調透過外在刺激和與不同表現媒材的互動，當事人能體驗到內在感覺、觸覺和其他感覺。

在 K/S 層次中，媒材使用的功能在於促進動覺或對感覺的察覺。例如，在促進動覺部分可透過用拳頭不斷地拍打黏土，以節奏性強、肢體動作大、反覆性高的舞蹈（如有氧舞蹈、山地舞……等）介入治療；在促使當事人覺知自己細膩的感受，則可以透過指畫或其他強調慢動作、運用觸覺的活動，或中止中介物的使用，以擴展媒材使用的方式，並減小當事人的反映距離。

・知覺／情感（P/A）層次

P/A 層次中的知覺部分注重樣式的（Schematic）形式和具體意象的

形成。此層次中,知覺和情感兩部分彼此有互動關係,其中知覺部分可以讓當事人的情感具體化,而情感的部分反之會形成一個樣式特質,具有個別性的風格。

在藝術治療中,P/A層次的知覺部分特別強調形式、顏色和圖形等形式要素。結構性強的硬質性媒材(如蠟筆、彩色筆、鉛筆……等)較流質性的媒材(如水彩)有利於圖形的產生。情感部分則可以透過使用流質性的媒材來增強。強烈的色彩和流質性媒材有利於情感的表現。在P/A層次中,中介物的使用有其必要性,如使用水彩筆,有利於當事人識別圖形(線性特質)和背景(面的概念)的關係,加深反映距離和思考的空間。

P/A層次的治療特點在於可以增強視覺、動覺和聽覺……等感覺刺激的整合,亦可以透過非口語的方式,在形式中察覺情感的特質。

• 認知/象徵(C/Sy)層次

C/Sy層次與上述兩層次在本質上是不同的。此層次除了非口語(non-verbal)的特質外,亦包含了口語(verbal)反應、過去產生的意象,和當事人對這些意象的詮釋。

C/Sy層次的認知部分強調資訊處理及邏輯分析,並以現實為主要考慮範圍;象徵部分則強調藝術表現中隱喻的探索,有極為個別化的內容。象徵意象的意義可透過其意象的形體顯示出來,而個人的情感則會賦予這些意象個人的獨特意義。象徵意象的詮釋,可以溯及以往,與過去產生關聯,也可以推斷到未來,與預期的事聯結。

C/Sy層次的認知與象徵兩部分會彼此互相影響。藝術表現的象徵部分提供認知部分一直覺性的觀點;反之,認知部分也能將由資訊處理所產生的象徵意象拉回現實。此兩部分亦會相互干擾。在資訊處理的表現上,若過份強調用認知及分析的模式,則直覺部分便會減弱;而太重視象徵部分,則無法與現實的回應相結合。

在藝術治療活動中,如以舊雜誌為主要媒材的貼畫,則強調了認知部分的功能。流質性媒材的引用有利於表現象徵部分多向度的特色,如形成

意義含糊、模稜兩可的形體或圖形與背景的遊戲。視覺及口語上的聯想和詮釋有助於象徵的呈現，以流質性媒材來表現，則有助於在一個已有具象形式形成的創作中呈現個人的象徵符號。

　　認知部分的治療特點是可以增強觀念的歸納及個人經驗，提昇洞察力。象徵部分的治療特點則是可以藉由尋找個人意義以提高對象徵符號的分析。C/Sy 層次的治療功能是可藉由口語及想像力的結合以達到創作性層次而獲得解決，亦可藉由從活動歷程中洞察到自我不熟悉或被壓抑的部分而獲得改善。

- 創造性（Cr.）層次

　　ETC 上的任何一個層次都可以呈現出創造性的表現方式。每位藝術治療師均應體認到創造性層次在治療中的重要性。治療師以支持的態度鼓勵當事人透過各種不同的表現方式來創作，使他（她）在面對內在世界及外在刺激時，能開闊知覺，達到創造性的層次。發現新的表現方式或獲得新的體驗便是創造性行為的一部分。達到此層次時，常伴有創造性的喜悅。創造性層次的治療特點及功能在於使當事人能以創造性的態度來面對環境，而環境亦會有創造性的改變；也在於使當事人能達到自我實現（self-actualization）的境界。

　　因此，要協助當事人獲得創造性的能力，治療師可透過不同媒材的刺激，讓當事人能有新的表現方式和新的體驗，繼而能更自由地開發自我的潛能，獲得自我的成長。

六、藝術治療中有關繪畫詮釋的理論

　　在藝術治療中，當事人的繪畫創作常是治療師用以評斷病情的具體工具。繪畫診斷不分當事人的年齡、性別和精神狀態，均與兒童畫的發展有十分密切的關係。在諸多有關兒童繪畫的理論中，Lowenfeld 採用 Erikson 的社會心理發展階段及視覺—觸覺兩極說的觀點來描述兒童繪畫發展階段。此繪畫發展階段說為在藝術治療領域中，最被廣為用於詮釋當事人畫作的學說（詳見陸雅青，民 88），以下謹說明此學說與本文有關之黨

群階段（九～十二歲）的繪畫表現特色。

　　此階段的兒童，由於自我察覺能力的增強，對物象的觀察及表現更為細膩。群我關係的發展是本階段兒童的發展重心，在其自由繪畫中常會自然地表現出這樣的主題。在人物造形上，兒童會去強調男女的不同性別，由先前樣式化的表現方式，轉向更傾向自然寫實的風格，人物之外形及動態均較前期的為活潑。在空間表現上，前期的基底線概念已為「平面」所取代，並發展三度空間的視覺模式。黨群期的兒童會利用物體重疊、近大遠小……等技巧，來表現物體間前、後、遠、近的關係。在用色上，兒童會較客觀地運用色彩，會以「色調」的概念，來裝飾畫面。然對於觸覺傾向較為強烈的孩子，則會依對物體的主觀情緒意義而設色。大體而言，兒童的繪畫反映出他們當時期生理、心理、社會性及美感……等的發展狀況。

第二節　破碎家庭兒童心理治療／輔導

　　有關破碎家庭兒童心理方面的研究，直至目前為止，以父母離異者最為豐富，故本節之文獻以父母離異兒童的心理為主要探討對象，父或母死亡或其他破碎家庭兒童之相關資料亦附屬其中。

一、父母離異對兒童身心發展的影響

(一)兒童對父母離異的行為反應模式及其心理任務

　　離婚對家中的每一位成員而言，均是莫大的打擊，同時也帶來很大的壓力。離婚是一種家庭危機，兒童面臨失去一位家長，家庭組織瓦解，親子關係改變。這種創傷的經驗，不僅是暫時的情緒反應，同時也是一種持續的生活變遷經驗。

　　兒童在經驗父母離異時，面臨失去一位親人，其心理過程可能類似喪父或喪母，但其所處的特殊情感，卻與喪父或喪母不同。絕大多數的兒

童，比較容易接受父母之一方死亡的傷痛，在悲痛中逐漸堅強起來。但父母離異的兒童，卻不太容易諒解父母的離婚或長期分居的事實。他們通常極端地沮喪、憂傷、哀怨、悲戚，甚至終生深陷於痛苦中，且對失去的親人仍懷有很大的幻想，想像有一天他們會回家重聚，但往往一再地失望（彭駕騂，民78）。

兒童對父母離婚的反應受許多因素的影響，諸如年齡、性別和因應方式……等（Tedder, Libbee & Scherman, 1981）。大體而言，兒童對父母離異的反應，會因時間的經過而呈現階段性的差異。依據 Hozman 和 Froiland（1977），父母離異兒童與青少年的反應可分為下列五個階段：

1. 否定階段（denial stage）

當聽到父母離異的消息時，兒童會否認並拒絕接受這個事實，甚至把否認轉化為孤立，試圖將自己與同儕、老師和環境孤立起來，將自己置於幻想世界中，否定現實。

2. 憤怒階段（anger stage）

當父母離異已成為無法挽回的事實時，兒童開始有憤怒的情緒反應，試圖以直接或間接的方式攻擊與父母離異有關的人。此種攻擊傾向與兒童對父母離異的罪惡感有關，他們以表現出憤怒的情緒和行為來引人注意。

3. 協議階段（bargaining stage）

當否定與憤怒無法產生效果時，兒童試圖以討價還價的方式來改變父母離異的事實。由於兒童處心積慮地想以自己的良好表現來挽回父母，因而在學校常無法專心學習。

4. 沮喪階段（depression stage）

當兒童發現他們無法控制情境、挽回父母時，開始有沮喪的反應。對過去不當的行為感到遺憾，並為喪失的機會感到罪惡。在行為上表現退

縮，對家中發生的事無動於衷，或因感到悲傷無心向學，而導致學業退步。

5. 接受階段（acceptance stage）

當兒童了解到父母離異是真實存在的客觀事實，他便能逐漸地面對事實，以便適應新的生活，本階段是兒童適應生活的一個契機。

雖然兒童對父母離婚的反應可分為上述五個階段，但並非每一位兒童均會經歷每一個過程，或依序經歷每一階段，但輔導員可依其所處的階段，予以兒童適當的協助。

此外，黃德祥（民76）則以父母離婚前、離婚時及離婚後三變項來分析兒童對父母離婚的反應：

1. 父母離婚之前

父母於離婚前往往會歷經一段劇烈爭執的過程，導致對子女疏於照顧，使兒童與父母均處於焦慮不安的環境中，終日擔心不已，生活無法正常，身體健康亦受影響。

2. 父母離婚時

將子女視同籌碼用以對抗對方，為父母離婚時對兒童最大的影響。當夫妻雙方已無法復合而確定要離婚時，一般對子女歸屬權又常有爭執。兒童處於雙方拉鋸戰中，兩面不討好，有被爭奪或推諉的感覺，對未來產生高度焦慮及缺乏安全感，導致生活與學業均適應困難。

3. 父母離婚之後

對兒童而言，父母離婚後又是另一新生活的開始，其可能遭遇的問題大致有：

- 家庭經濟改變，生活較為困難。
- 搬家：使兒童面臨更換新鄰居、同學與學校，造成適應困難。

• 責任加重：可能要多分擔家事，照顧自己或弟妹。

• 父母再婚：一般兒童傾向反對父母再婚，若父母再婚，他們要面臨與繼父母或繼兄弟姊妹相處的適應問題。

• 監護權與探視權之爭執：父母常因監護權及探視權產生新爭執，使兒童無法與不住在一起的父母見面，或缺乏安定感。

在兒童承受父母離異的壓力時，其在心理的調適上會出現多種現象。Wallerstein（1983, 引自 Thompson & Rudolph, 1988；梁培勇，民78；謝麗紅，民79）將兒童對父母離異的反應，歸納區分為「急性期」、「過渡期」、「穩定期」的長程調適過程；且每一階段均有不同的心理任務，需要兒童去面對和處理。這些任務均是因父母離異所引起的各種生理、心理與社會環境的變化所造成。年齡、發展階段、能獲得的社會支持來源是影響兒童適應過程的重要因素，茲將此六任務分述如下：

1. 承認及接受父母離異的事實

離婚的法律生效時，便是「急性期」的開始，大約要持續幾個月至一年左右，此時兒童的心理任務，便是要接受父母離異的事實。離婚所造成生活結構的劇烈變化，使兒童感受強大壓力及焦慮。這些負面的情緒，導致兒童陷入幻想狀態，拒絕接受事實，並期望父母能夠再復合。若父母在離婚後的生活中，並未出現兒童原先擔心、害怕的後果，則這些負面的情緒便會漸漸消失，從幻想中慢慢回到現實，接受父母已經離異的事實。

2. 從父母的衝突及痛苦中解脫，重新開始參與日常活動

此任務亦屬於「急性期」的階段任務。在父母離異後，兒童往往有一段時間將其注意力集中在與家務有關的事情上。他們可能因擔心家中發生重大的事而不想離家，即使在學校裡也擔心著家。一些負面的情緒會干擾到他們在學校的學習，而他們也可能將自己封閉起來，拒絕參與任何活動。這些現象均會影響兒童的學習及人際關係的交往。兒童大概在父母離婚後一年內，很難克服這些現象，約一年後才漸漸恢復而參與日常活動。

3. 解決失落感

父母離婚約一年後，兒童開始進入「過渡期」。此時期有三個心理任務須加以完成，分別是解決失落感、解除生氣和自責，及接受父母離異的事實，至於需多久的時間來完成則無一定的標準。

解決失落感的心理任務，主要在處理兒童與不具監護權單親的關係。許多兒童會將父母離異的原因，歸咎於自己所造成。為了要彌補過去的錯誤，兒童常會要求自己與離家的單親仍然要保持良好的關係，但卻又常出現「如果你愛我，就不應離開我」的思想，導致兒童情緒的不滿與低落，覺得自己一無是處、毫無價值，因此被父母拒絕。此種想法使兒童自我觀念低落，影響其在學習和人際關係方面的表現。

若離家的單親在回家探望子女時，另一單親能友善地接待，成功地塑造出親子雙方都感到滿意的關係，讓子女覺得自己依然被關愛，則比較能夠協助兒童處理失落和被拒絕的感受。

4. 解除生氣和自責

父母離異讓兒童覺得父母是自私的，只站在自己的立場解決問題，沒有考慮到子女的幸福和感受，進而對父母產生憤怒的情緒。這些情緒一方面使離婚後的親子關係趨於惡化，另一方面子女會故意做出一些不良行為來報復父母的不負責任。年齡在十一～十六歲的子女，對父母的憤怒感覺最為深刻。

5. 接受父母離婚已是恆久不變的事實

在第一期的心理任務中，雖然兒童已經接受父母離異的事實，但在其心中，仍然存著一線希望，期望家人能夠重回尚未離婚前的狀況。這可能導致兒童一直生活在幻想及不切實際的期待中，甚至無法接受父母的再婚。

此任務之完成，與兒童對父母離婚後的生活滿意度有關，如覺得不用

再處於父母衝突的焦慮情況，則兒童便會接受離婚這項事實，修正原來不切實際的期望，全力以赴地為往後的生活而努力。

6. 達到對人際關係實際地期望

此乃「穩定期」之心理任務，父母離異對子女最大的影響，在於對人際關係的質疑。兒童懷疑人際交往的可信程度，尤其到了青少年階段，有關人際關係的反省，也是正常的發展任務之一。此任務對父母離異的青少年而言，意義更是重大。

掙脫此質疑的最佳途徑，首在子女在心理上能夠達到與父母完全獨立的成熟度，客觀審視父母之間的關係及離異的原因，才能建立屬於自己的人際關係信念，擺脫過去父母給自己的陰影而重新再出發。

父母離異後，兒童所要面對的六大心理任務，彼此相互關聯而非完全獨立。諮商員應對長期調適過程中的不同階段、不同任務有清楚的了解，知道兒童正處於那一階段，以便商討有效的處理策略來幫助兒童。

(二)父母離異對兒童身心發展的影響

父母離異的兒童不一定是問題兒童，但是，在家庭破碎、父母離異後，兒童因為父母的婚姻狀況、現有的家庭型態而反映在個性，在對自己的看法及行為表現上，和一般家庭兒童多少有些不同。父母離異，兒童必然需要有一段適應時期，他們可能會情緒不安、學業成績低落、行為偏差。此時期的兒童特別需要別人的關懷，協助他們度過這段不愉快的時光。

兒童對父母離異的反應，或因下列幾項與父母有關的因素而有所不同：

1. 生育的子女數及子女年齡；
2. 父母的社經地位；
3. 宗教信仰；
4. 在婚姻中的衝突；

5. 離異過程中的衝突；

6. 離異過程持續的時間；

7. 監護權與訪視權的安排；

8. 離異後經濟及住所的改變；和

9. 離異對父母情緒與生理狀況的影響（Fulton, 1979）。

父母離異對兒童身心發展所造成的影響範圍及程度，各個研究的結果不太一致，但一般學者均認為此和兒童的年齡、性別、自我觀念、對父母離異事件的態度、父母離異後的心理狀況、單親對子女的教養態度、社會支持等因素有關（謝麗紅，民 79）。

1. 影響父母離異兒童適應的因素

(1)兒童之年齡

處於不同年齡之兒童，有其不同的發展任務，因而對父母離異的反應亦有所不同。以下分別以情感、表現、回應方式、學校成就、父母離異的歸因、認知及父母離婚後一年的影響等為變項，來說明父母離異對不同年齡階段兒童的影響（見表 2-2-1）（Tedder, Libbee & Scherman, 1981）。

(2)子女之性別

在許多有關父母離異對兒童發展之影響的研究中，兒童的性別差異是一個相當重要的影響因素。父母離異的男童被老師認為在學校上課較不專心且有較多不良行為，而父母離異的女童則無顯著差異。另外，父母離異的男童比正常家庭男童自認為生活較不快樂，而女童則沒有此項差異。父母離異對男生的衝擊比對女生更持久，來自離婚家庭的男童比離異家庭的女童及一般家庭兒童，有較高比率的人際關係問題及行為不良現象（Hetherington, Cox & Cox, 1978）。

國內劉永元（民 77）的研究顯示，單親兒童較一般家庭兒童人際關係差，行為困擾較多，自我概念較低，其中單親男童又較女童差。父母離婚兒童之行為困擾多於父母死亡之兒童，顯然父母離異對兒童之影響較為嚴重。江金貴等人（民 77）的研究則顯示，單親男童在行為困擾方面較

表 2-2-1　父母離婚對不同年齡組兒童的影響

年齡＼反應	2.5～6歲（學前期）	7～8歲（潛伏期前期）	9～12歲（潛伏期後期）	13～18歲（青春期）
情　感	易怒、激烈、分離焦慮、攻擊。	悲傷、憂愁、恐懼、被剝奪感、失落感與憤怒。	失落感與拒絕，無助與孤獨，羞恥、擔憂、受傷的感覺。	失望。
表　現	幼兒退化行爲，攻擊與破壞行爲、幻想。	哭泣、幻想、獨霸，不與他人分享。	直接反對父親、母親或雙親；易怒、要求多、嚴訓的態度；偷竊；身體症狀；與雙親關係緊張。	對當前情況採取開放的態度，投入社會活動。
因應方式	無適當的因應方式，因而常使用攻擊。	無健康的因應方式以避免痛苦。	嚴肅而清楚地看父母離婚事件，以許多適應方式掩飾其情感；沈溺於遊戲之中。	更爲自恃，獨斷獨行。
學業成就	尚未就學。	與其他兒童沒有差別。	明顯地低劣。	與其他兒童沒有差別。
對父母離婚的歸因	自責。	多數認爲父母離婚與自己有關聯。	少數認爲父母離婚與自己有關聯。	認爲不是自己造成父母離婚的。
認　知	對所發生之事感到迷惑。	對所發生之事感到迷惑。	對所發生之事有清楚地了解。	對所發生之事有清楚地了解。
訪　問	次數多，每週一次。	次數最多，每週三次。	次數不多，且非定期性訪問。	少接觸，超過9～12天。
父母離婚的影響（1年後）	多數的情況惡劣。	65％變好，或接受父母離婚之事實，23％轉劣。	25％擔心被雙親遺忘拋棄，75％在教育與社會成就上重新變好，但孤獨感更惡化。	多數兒童皆恢復以往的表現，但面臨一些認知上的疑問。

單親女童具攻擊性。

從上述研究得知：性別的差異可能為兒童對父母離異之反應有所不同的原因之一，男孩可能在父母離異的過程中承受較大的壓力、挫折，有較多的攻擊性行為。男女童對父母離異的反應雖然不同，但均需他人的關愛與協助。

(3)對父母離異事件的態度及信念

多數學者認為兒童對父母離異的態度反應是兒童適應父母離異事件的重要關鍵。愈是對離婚採負向看法的兒童，愈是無法接受父母離異的事實。覺得自己是父母離異的肇因、不被父母所關愛、認為家中沒有快樂的兒童，其生活適應較為困難；反之，能以較理性的態度來面對父母離異事件的兒童，則較能面對事實，有較佳的適應能力（ Hamond, 1979; Hozman & Froiland, 1977; Kelly & Berg, 1978; Kurdek & Burg, 1987 ）。

(4)父母離異的過程因素

父母在離婚的過程中，難免會發生激烈的爭吵，孩子介在中間常不知所措，感到焦慮、惶恐，害怕失去任何一方，缺乏安全感。所以父母離異的過程亦是影響子女日後生活適應的重要因素。父母離異過程的長短、衝突的程度、離婚前是否曾分居、爭吵時是否會拉攏孩子對抗另一位親人、或以孩子為威脅對方的籌碼……等因素，皆會影響子女對父母離異事件的適應（ Levitin, 1979; Rubin & Price, 1979 ）。黃德祥（ 民 71 ）調查研究發現父母離婚時間對兒童的焦慮有顯著的預測作用。

(5)父母離異後的心理狀況及對子女的教養態度

父母離異之後，孩子通常與單親住，單親的不同心理狀況與管教態度，均會影響孩子。單親若把造成夫妻離異的原因以補償、放縱、悔恨或懲罰等方式投射到子女身上，或與子女間的關係為消極型者，則對子女的心理發展將帶來極負面的影響（ Fulton, 1979 ）。方慧民及吳英璋（ 民 76 ）對國小四～六年級兒童進行問卷調查的結果顯示：親子關係對兒童在校的適應與情緒適應的影響大於家庭狀況對此兩變項的影響。離婚家庭其

親子關係為積極型者，其在校適應與情緒適應優於問題家庭或親子關係為消極型的正常家庭兒童。

(6)社會支持因素

許多研究指出，在父母離婚後，兒童是否有親人或社會支持系統提供心理支持，是影響其適應離異情境的重要因素。家庭外的因素如鄰居、社會機構等的支持，均可使兒童有心理支持的來源，可降低因父母離異所產生的心理壓力（Levitin, 1979; Hozman & Froiland, 1977; Kurdek, 1981）。

從上述的文獻探討中，可以發現有許多複雜的因素來影響兒童在父母離異後的生活適應。本研究中的兒童藝術治療團體，即是在深入了解這些相關的因素之後，再訂定治療的目標與計畫的團體，盼能配合兒童的心智年齡，予以適當的開導與情緒支持。

(三)父母離異對兒童身心的影響

父母離異對兒童身心發展的影響甚鉅，以下謹就兒童的認知、人格、情緒發展與行為表現等方面來探討父母離異對兒童所造成的影響。

1. 在認知發展方面

許多研究發現父母離異對兒童的學業成績有負面的影響，且對男童的影響更勝於對女童的影響（Guidubaldi & Perry, 1984; Zakariya, 1982）。

認知經驗包含兒童之學業成就、成就動機、信念等方面。父母離異之兒童容易自責，覺得自己與同儕間有所不同，對人際間的不和諧有高度的敏感性（Guidabaldi & Perry, 1985; Kalter, Riemer, Brickman & Chen, 1985）。

有關父母離異後對兒童學業成就之影響的研究結果不一。有些研究結果顯示出父母離異兒童與一般家庭兒童並無顯著的差異（Hammond, 1979），但亦有研究顯示出父母離異兒童之數學成就低於正常家庭兒童，

且無父親之兒童的閱讀能力與數學成績均低於正常家庭之兒童（Shinn, 1978）。父母最近才離異之兒童，其在學校的某些學習方面，似乎比父母已離異很久或一般家庭兒童要具有更多的困難（Kinard & Reinherz, 1986）。

對於上述研究結果之歧異，Shinn（1978）綜合了相關的文獻而下了一個定論。這位學者認為造成兒童低學業成就的主因，並非父母離異這事件本身，而是與離異有關，或由於離異所導致的困難，如經濟困難、高焦慮、親子互動不良……等因素才是主因。

2. 在人格發展方面

現有關於父母離異對兒童人格發展方面的影響之研究，大致針對兒童之性別角色認同、自我概念、道德發展、內外控傾向……等變項加以探討。

在自我角色認同方面，以國小二年級學童為研究對象的一研究發現，沒有父親的男孩在性別角色認同上比一般兒童差（Drake & McDougall, 1977）。

在自我概念方面，各研究的結果不一。有些研究指出兒童因對父母的離異感到罪惡和自責（Wallerstein & Bundy, 1984），所以自我概念較低（Hodges, Buchsbaum & Tierney, 1983; Parish & Wigle, 1985）。然亦有研究指出三～六年級父母離異兒童與一般家庭兒童的自我概念並無顯著差異（Hammond, 1979）。黃德祥（民71）的研究則發現國小高年級父母離異的兒童，除了社會自我外，其餘各項均低於正常家庭兒童。

在道德發展方面，一研究兒童在道德判斷方面差異的研究指出，沒有父親的男童與一般家庭的男童並無差異，但在同一研究中，由教師之評定報告卻指出，失親的男童，其道德發展較為低劣。

在內外控信念方面，父母離異兒童常感到沒有能力作決定，並在應付不同情境時感到無助，因此，父母離異兒童傾向外控行為（Burke & de Steek, 1989）。然國內學者比較父母離異國中生與一般家庭國中生的內

外控信念，並未發現兩者有顯著差異（黃德祥，民 71）。

　　父母離異使得兒童失去認同或模仿學習的對象，使得在小學階段，社會化、自我概念、性別角色認同、道德發展等人格發展的發展任務無法達成，對於兒童日後人格的發展影響甚鉅。

3. 情緒發展

　　父母離異之兒童常有焦慮、生氣、悲傷、罪惡感、恐懼、沮喪、憂鬱、孤獨……等負面情緒（Kelly & Wallerstein, 1977; Bernard, 1978）；這些情緒導致兒童產生失眠、做惡夢、食慾減退、胃痛、脈膊跳動頻率加快等症狀。父母離異對兒童情緒的穩定性有影響，當離異事件發生時，若家庭成員負面的關係愈緊張，爭吵愈激烈，則兒童的情緒狀況愈會受影響。

4. 行為表現

　　父母離異之兒童表現較多依賴、不服從、攻擊、抱怨、責求、缺乏同理心（Hethering, Cox & Cox, 1979）。學校的老師認為父母離異之男童在校上課較不專心，且表現出較多的不良行為（Hammond, 1979）。由於父母無法了解其內心所想，兒童因而也常表現出不尋常的言行舉止，甚至出現退化現象。此外，兒童在人際關係上表現畏縮、孤立自己的情形，甚至會出現反社會的犯罪行為（Cook & McBride, 1982）。

　　有關父母離異對兒童發展所造成的影響之研究結果仍有分歧，並非所有的研究均發現父母離婚對小孩有負面的影響。生活在經常有爭吵的家庭，兒童長期性的壓力及痛苦，並不比父母離異者少；父母離異反而可以解除家庭的緊張狀態，甚至可以促成兒童成長。父母離異對兒童而言，可能是一種危機，亦可能是一種轉機（Swartzberg, Shmukler & Chalmers, 1983）。即使如此，父母離異對兒童認知、人格、情緒、行為……等均有長遠的影響，為人父母、師長者不得不察。

㈣育幼院院童之身心發展與特徵

育幼院的院童大都來自破碎家庭，他們的親生（或養）父母可能來自社會陰暗的角落，或許有嗜酒、吸毒、聚賭等惡習性。在成長的過程中，這些兒童或許有過被遺棄、身體虐待、性虐待……等種種不愉快的經驗。美國的研究報告指出，為慈善機構所收容的兒童，若在六個月以內未回到其原生家庭，則該童平均會在慈善機構待 3.3 年。而兒童待在慈善機構的時間愈長，被他人收養的機率愈低（Advocates for Children and Youth Inc., 1990）。這些不幸的兒童在被收容之前，或已經歷顛沛流離的生活和不斷的挫折。從如此生活的經驗中，這些兒童難以去找到可以依戀和信賴的對象，而對兒童日後的發展影響甚鉅。

就依戀的觀點（Attachment Theory）而言，嬰兒自一出生便有依戀的對象，藉由與一固定、可信賴的主要照顧者的互動，嬰兒逐漸發展出一個一致的我（Self）來滿足他自私的基本需求。

育幼院的院童對人的依戀卻經常是薄弱的，無此依戀關係，兒童常有低自尊的傾向，且對人很難產生信任感（Gooldstein, Frend & Solnit, 1973）。雖然育幼院對這些院童而言，或許只是個中途之家，卻是我們這個社會對這類兒童的安置所不得不做的選擇。育幼院院裡保育人員的汰換率高對其發展的影響很大。孩提時代破碎的依戀關係可能會影響兒童日後意識的成長，對因果關係感到困惑，時間概念模糊，聽覺的運作困難。同時，或許亦有言語表達困難、大小動作技巧發展遲緩和不協調等問題。此外，由於缺乏認同（如父母）對象，他們亦很難去處理在每個發展階段所應完成的任務（Fahlberg, 1979）。

大多數的院童予人自己自足，不需要任何人的感覺。這種「假自主」似的特質可謂其保護自己的防衛，但是，卻也防礙了許多有心對待他們的人。就發展的觀點而言，幼兒從所依戀對象所給予的不斷的、一致的反應中去強化自我，沒有這些回應，他們或許會對自己的存在感到懷疑（Kohut, 1971）。大多數的院童不認為大人可以保護、幫助他們，而他

們將所經驗到的不一致性、身體傷害、大人的分身乏術、缺乏父母的關愛，以一種誇張的自戀形式表達出來。

　　兒童破碎的自尊因進入育幼院而更顯得更低落，院童會否定他們無助的、易受傷害的及依賴的需要，而常將其「弱點」投射在他人身上，同時，需要他人對他們所做的事予以再三的肯定。對所有事物強烈控制的需求，使他們表現出自以為是、我行我素的態度，而誇張地「自戀」則取代了他們內在對「誰來愛我」的不斷掙扎。

二、兒童對父母離異事件的信念

　　信念（belief）是人對於自己生活中所應遵循的原則和理想的信仰，這種信仰既深刻又穩固。信念屬於態度的認知成份，是個人對事物的了解或看法。信念通常與情感和意志融合在一起，表現著人的生活立場，支配著人的行動（袁之琦、游恆山，民 77，摘自謝麗紅，民 79）。

　　兒童對父母離異事件之信念，指的是兒童面對父母離異時所產生的態度或看法。兒童對父母離異的態度反應是兒童適應父母離異情境的重要關鍵（Hammond, 1979; Hozman & Froiland, 1976, 1977）。若兒童對父母離異事件持負面的看法，覺得自己不被父母所愛，認為家庭沒有快樂，則其生活適應愈困難（黃德祥，民 75）。

　　多位從事輔導父母離異兒童的專業人員發現，兒童對父母離異事件可能會感到自責，害怕被拋棄，更希望父母能復合。若孩子在父母離異後與母親同住，則可能會譴責母親，視母親為摒棄父親的人；也可能會譴責父親，認為父親遺棄了母親及他。由於與孩子同住的單親為主要的管訓者，因此也常被視為「壞」的一方。孩子會覺得自己被「利用」為訊息的提供者，而感到矛盾與被束縛。父母親之間經常互貶而希望與孩子聯盟，致使對兒童而言，取得監護權之父或母為無罪的一方。兒童經常視離婚為一恥辱，覺得會被譏笑，因此抑制及限制與同儕的互動關係。再則，兒童覺得自己必須取代缺席之父母，責任加重，需多協助家務及顧及父母之情緒需要，這可能極度剝奪了兒童自然的情緒發展（Kelly & Wallerstein,

1976）。

　　兒童對父母離異過程的認知與了解，是影響其適應父母離異事件的重要因素，在協助父母離異之兒童時，輔導的重心應置於兒童對父母離異事件之態度及信念上。輔導策略應直接處理有關對父母之譴責、期望父母再復合的心態及防衛等。引導兒童討論這類問題可以協助其因應父母離異所帶來的危機，並使他適應父母離異後的生活（Scherman & Lepak, 1986）。

三、針對父母離異兒童的輔導策略

　　父母離異對兒童身心發展的影響甚鉅，因此，在父母離異後亟需他人來協助以度過危機時期，早日適應生活。而父母在離婚之後，自己也遭遇許多適應困難，可能無法適切地予以兒童必要的援助。除了家庭外，學校便是他重要的學習及生活的環境，學校的輔導老師或諮商員可以適時地幫助兒童，早日接受父母離婚的事實，有效地適應生活的變遷。一般而言，輔導員可藉下列途徑來幫助兒童（Burke & de Steek, 1989; Beekman, 1986; Cantrell, 1986; Cook & McBride, 1982; Crosbie-Burnett & Pulvino, 1990; Lewis, 1986；吳櫻菁，民 76；黃德祥，民 76；謝麗紅，民 79）：

(一)提供家長諮詢或諮商以協助家長成長

　　父母本身之情緒及離婚後的心理調適狀況，會影響子女對離異事件的調適（Fulton, 1979; Kurdek, 1981; Saucier & Ambert, 1983）。離婚之後，單親由於責任、工作及情緒三方面負擔過重，而無法關注到子女面對的問題，給予適當的協助（何金針，民 76）。因此，要協助兒童能良好地適應離婚過程，輔導他們生活世界中的重要他人是相當重要的關鍵。諮商員可以與離婚父母個別接觸，協助父母察覺兒童的需要及了解兒童面對離婚過程的感受及情緒反應。

　　在諮商員的協助下，父母能面對離婚給自己及子女所帶來的問題，調

適自己並獲得成長。當父母能良好地適應離婚後的生活，情緒漸趨穩定，則能給子女較多的關懷，改善教育子女的態度及親子關係。這些均是幫助兒童改善家庭生活，適應父母離異的有效助力。諮商員可視情況，以教育模式組成離婚父母的團體，團體之目標可放在：(1)分享離婚過程的實際情形及消除迷思（myth）；(2)了解兒童對離婚過程的反應；(3)提供父母作為兒童支持系統及協助兒童適應的建議（Cantrell, 1986; Cook & McBride, 1982）。透過團體諮商或討論，有助於離異父母了解自己離婚的過程，分享經驗，進而在情緒上相互支持，以求能良好地適應離婚後所面臨的生活狀況。

(二)提供教師諮詢

除了家長外，兒童生活中的另一個重要人物是老師。由於兒童與老師的關係密切，輔導人員應取得老師的配合，共同來協助兒童。就對學生的了解而言，輔導人員不如級任老師來得清楚，但所具備的心理輔導知能則優於級任老師。在輔導父母離異之兒童時，輔導員可擔任諮詢與顧問的角色，使級任老師在兒童適應方面扮演一個重要的支持角色，輔導員可藉由個別會談或輔導會議的方式來協助老師：

(1)了解父母離異兒童在面對離婚壓力時的需求及可能的反應，並建議舉辦具輔導性的班級活動，以提供兒童表達情緒及重建認知的機會。

(2)提供有關書籍，請全班同學共同閱讀，促使其他兒童了解並接納父母離異兒童。

(3)注意兒童在校行為是否有改變，例如是否出現依賴、沮喪、焦慮、攻擊或退縮行為。

(4)老師有耐心地關心此類兒童，但不須給予過多的保護。注意自己對離婚事件的態度，以相同的眼光來看待父母離異兒童，不要賦予「不正常」的標記（Cantrell, 1986; Cook & McBride, 1982）。

(三)進行個別輔導

輔導父母離異兒童，諮商員應明瞭兒童的心理需要，澄清兒童對父母離異事件的信念和情感，並教導兒童與人建立人際關係及解決生活困境的技巧，其原則如下：

1. 建立安全的關係，使兒童在無威脅的情況下去經驗及表達他們內在的感覺及情緒；

2. 傾聽兒童的訴說；

3. 讓兒童感到世界上仍然有人關愛著自己；

4. 著重危機調適與新生活適應的探討；

5. 協助學生減輕情緒困擾，重新參與日常活動（黃德祥，民 76）。

(四)進行班級輔導

利用班級輔導的方式，使兒童了解家庭制度之變遷，組成家庭的類型，了解父母離異家庭是所有家庭類型之一。離異是一個正常的經驗，使兒童能接受父母離異的事實，不排斥或嘲笑父母離異的兒童。並藉由班級輔導建議兒童未來因應家庭狀況改變的策略（Crosbie-Burnett & Newcomer, 1989）。

(五)認知與閱讀輔導

兒童對父母離異事件的信念，是影響他適應新生活的關鍵，而信念可藉由認知的途徑來加以輔導。讀書治療是輔助達成認知改變與成長的另一種方法（Hammond, 1981；范美珠，民 76），其目標在於：

1. 使兒童了解其父母離異的原因；

2. 了解其他兒童亦有類似的經驗及感受；

3. 了解父母離異是件正常的事，毋須覺得可恥；

4. 了解雖然父母不能同時與他住在一起，但父母的愛依然存在；

5. 了解情感與婚姻仍然是可貴且值得珍惜的。

㈥進行團體諮商

父母離異兒童的團體諮商被視為在協助兒童適應父母離異的許多途徑中，一種最有效的輔導方式（Cantor, 1977; Hammond, 1979）。研究調查顯示多數兒童在父母離異團體中學到有關自己與他人情感的表現方式，也肯定此類團體諮商的功能（Hammond, 1981; Wilkenson & Bleck, 1977）。

雖然有人認為團體諮商並不適合所有的兒童，尤其是年紀太小的兒童（Corey & Corey, 1987），但亦有學者認為父母離異兒童的諮商團體，可以集合背景類似、在生活與發展上具有相似困擾的兒童，在一安全、支持的團體氣氛中，去除孤獨感，分享父母離異的感受，適當地表達憤怒和罪惡感，澄清一般不正確的觀念，學習因應離婚問題、適應生活環境的能力與技巧（Cantor, 1977; Hammond, 1979; Pedro-Carroll & Cowen, 1985）。

對兒童而言，因口語表達能力有限，可以實物為媒介，如沙箱、布偶、漫畫、聽錄音帶、看錄影帶等方式來幫助兒童表達情感（Wilkenson & Bleck, 1977; Cook & McBride, 1982）。大體而言，用於兒童輔導的技術是具體活潑的，過程盡量能引起兒童的興趣，給兒童較多直接操作的機會。透過這些活動，兒童可以表達出他們積壓的感受與情緒，諮商員因而得以了解兒童無法口語表達或不願啟口的經驗感受。Corey 和 Corey（1987），曾列了領導兒童團體可以使用的技術，諸如角色扮演、繪畫、完成未完成的故事、演布偶劇、演奏音樂、跳舞、讀書諮商、鏡子的使用、作詩歌、填未完成句、演戲、示範……等。換言之，即是以所謂的遊戲治療與藝術治療的方式來進行兒童諮商。

有關父母離異兒童團體之目標如下：

1. 增進兒童之間的互動與支持，分享父母離異後之經驗；

2. 使兒童了解父母離異之情況；

3. 協助兒童澄清、認知、了解關於父母離異所引發的感受及情緒；

4. 協助兒童學習面對及處理父母離異所造成的特殊問題；

5. 協助兒童處理與友伴及家人間的人際關係；

6. 促進兒童改變消極的行為模式，進而建立積極的行為模式。

由於年齡或發展階段會影響兒童對父母離異的反應，且不同年齡的發展階段，會有認知能力的差異，因此，團體成員之年齡差距不可過大，可將團體依兒童之年齡劃分為：

1. 學齡前兒童；

2. 小學中低年級，一～三年級；

3. 小學中高年級，四～六年級。

根據上述目標，並針對不同年齡層次的父母離異兒童，可有下列不同的團體諮商設計：

(一)適合小學中低年級的團體

大體而言，此類團體之人數不可太多，6～7 人已經足夠了。因為此階段的兒童被注意的需求較高，缺乏耐性等待他人的注意，因此團體需要較大的結構性。因為兒童集中注意力的能力有限，因此每次團體聚會的時間最好在 15～20 分鐘以內。此類兒童的團體可以具體事物為媒介，如故事書、視聽器材、木偶等，作為宣洩情緒的管道，以腦力激盪、角色扮演、角色預演的方式來進行團體活動（Sonneshein-Schneider & Baird, 1980）。對於較小的兒童，可以玩家庭變遷的遊戲，以改妝、佈置娃娃的家和扮家家酒的道具為媒介。利用充氣的小丑、打擊玩具、敲擊工具等來使兒童宣洩情緒，使攻擊昇華；而由創造性活動中，如黏土雕塑、剪貼、指畫……等途徑，使兒童表達其內心的感受。

Chandler 女士認為年紀較小的兒童所組成的團體不太容易成功，因為他們較缺乏將團體所學類化到日常生活的能力；而五年級以下的父母離異兒童，還是以個別諮商的方式進行較佳（Corey & Corey, 1987）。

(二)適合小學中高年級的團體

此階段兒童因口語表達能力較強，能夠表達自己的感受，且可以認知自己與他人經驗的異同，較不那麼以自我為中心，有較佳的注意力持續度，可以從事較久的討論活動，因此每次聚會的時間可延長至 30～45 分鐘，且成員由於自我控制的能力較佳，可增至 7～10 人。

常見的父母離異兒童團體諮商有：

1. Wilkenson 及 Beck（1977）所設計之團體；

2. Green（1978）所設計的八週多重模式父母離異兒童團體；

3. Hammond（1981）所設計的十六次父母離異兒童團體；

4. Holdahl 和 Caspersen（1977）所設計的一連五天，每天一小時的家庭改變兒童團體；

5. Kalter, Pickar 及 Lesowittz（1984）為小學五、六年級兒童設計的為期八週的團體；和

6. Stolberg 和 Culler（1983）以八～十三歲的兒童為對象設計了十二週的團體（Hodges, 1986）。

在本研究中的兒童藝術治療團體，為一九～十二歲兒童，六男二女所組成的八人團體。至於其內容設計，研究者的治療理念及有關此團體的相關設計，則請詳閱第三章。

第三節　藝術治療在兒童團體的應用

藝術治療之應用日益擴展，Naumburg 取向的藝術治療常用於醫院及臨床治療機構，處理精神病患者，而 Kramer 取向的藝術治療則被廣為應用於學校的諮商輔導，以處理有情緒困擾、生理缺陷、學習遲緩和學習障礙的學生（Arem & Zimmerman, 1976; Arkkell, 1976; Bachara, Zaba & Raskin, 1975; Calhoun & Whitley, 1978; Davis & Hoopes, 1975; Gair, 1975; Greene & Hasselbring, 1981; Johnson & Greenberg, 1978;

Miller, Sabatino & Miller, 1977; Raskin & Bloom, 1979; Silver, 1975; Silver & Lavin, 1977; Steinhardt, 1993, Walker, 1980; Wood, 1977），以及增進一般正常學生的人格適應及成長（Alexander, 1990; Congdon, 1990; Omizo & Omizo, 1988, 1989; Pinholster, 1983; Roussos, 1983; Steinhardt, 1993）。

　　本節之文獻探討，除整理藝術治療團體的功能與特色之外，並將兒童藝術治療團體的相關資料，以非破碎家庭兒童團體及破碎家庭兒童團體兩類分別陳述。

一、藝術治療團體之功能與特色

　　Liebmann（1986）訪問四十多位在治療及教育機構中擔任實務工作的藝術治療師，詢問他們如何看待他們所帶領的團體。受訪者的工作對象有兒童、成人、病人、家族，甚至於社工員、心理師及藝術治療師的訓練等。透過這個訪談，研究者發現藝術治療師之所以會使用藝術媒材在他們的團體工作上，主要是它可以達到如下的個人及社會性兩方面的目的。

　　在一般個別性的目的上，藝術媒材之應用可：

1. 啟發個人的創造性和自發性；
2. 建立信心，肯定自我，開發潛能；
3. 增加個人的自制力及動機，使言行舉止像個成人；
4. 有做決定、實驗及讓想法付諸實現的自由；
5. 表達感受、情緒及衝突；
6. 處理幻想及潛意識的內容；
7. 產生洞察、反映及自我覺知；
8. 以口語及視覺表現來整理經驗；
9. 放鬆自己。

而藝術媒材之應用於團體，在團體部分則有以下目的：

1. 覺察、認知並能欣賞他人；
2. 合作、投入團體活動；

3. 溝通；

4. 分享問題、經驗及洞察的事物；

5. 發現共通的經驗及個人的獨特性；

6. 與團體中的其他成員發生關聯，了解自己對他人的影響及與他人的關係；

7. 社會性支持及信任；

8. 團體的凝聚力；

9. 審視團體中的主題及事件。

由上得知，藝術治療師在帶領團體時，主要的目的是在於提昇及改變團體成員之個別性及社會性的功能，而並非針對某一特定疾病來作特殊的治療（Dalley, 1984; Liebmann, 1980）。這些目的與團體工作大師Yalom（1975）所舉的如下的幾項團體治療中的治療性因素息息相關：

1. 希望的儲積；

2. 普遍性；

3. 資訊的分享；

4. 利他性；

5. 對主要家人的再確定；

6. 社交技巧的發展；

7. 行為模仿；

8. 相互學習；

9. 團體凝聚力；

10. 淨化作用；

11. 存在之因素（如死亡）。

顯而易見地，無論是社交性的、教育性的或治療性的，這種對於個人及社會性功能的加強是可以廣為應用於許多場合的。這些目的並不見得只適合那些需要特別幫助的人，對一般人而言，這些目的都是我們在日常所追求的人文特質（Liebmann, 1986）。可見得，無論是帶那類的團體，大部分的藝術治療師都是以「全人」的觀點來看待他們的團體，較不同於

一般以口語為主的心理治療，有十分明確的團體目標。

二、非破碎家庭的兒童藝術治療團體

　　Isaacs（1977）運用藝術治療團體輔以個別諮商，來幫助四位九～十二歲智能不足兒童改善他們的人際關係。這些兒童因過度退縮、具攻擊性或過動而被同儕嘲弄和排斥。團體初期的活動課程為結構式的設計，其後的活動則保留極大的彈性。經由十二週的藝術治療介入，四位原本人際關係欠佳的兒童，在歷經藝術治療團體中積極和建設性的人際互動後，開始展現自信、活潑和較佳的合作行為，與家人及同儕間的關係均有明顯的改善。

　　以藝術治療團體或課程的介入，來提昇兒童的自信和自尊的研究亦屢有記載。在一為期六週，每週聚會兩次（每次 45～60 分）的藝術治療計畫中，Omizo 和 Omizo（1988）以每位老師（接受過特別訓練）為團體領導者，帶領十～十二位七、八年級有情緒及學習障礙兒童，從事共十二次的藝術治療。在此高結構化的藝術治療活動中，研究的結果均來自老師的回饋。在安全、關懷的情境下，這些學童的不良行為漸趨減少，自尊心亦逐漸增強。

　　在另一個藝術治療團體的研究中，上述的兩位研究者以五十位（27 男、23 女）夏威夷原住民，低社經背景，年齡自八～十一歲不等（平均 10.1 歲）的學童為研究對象。這些學童被分為實驗組與控制組兩組，每組各二十五人。實驗組學童再配合其學校課程，分為每組八或九人的三個小團體。小團體的領導者為三名事前經兩名研究者訓練過的輔導研究所學生。在此為期十二週，應用藝術活動於學校輔導的研究中，研究者以 Culture-free Self-Esteem Inventory for Children （SEL） Form A （Battle, 1981）為研究工具來評量學生的自尊。研究者採前後測的方式研究，團體每週聚會一次（一次 45～60 分），而共十次的聚會均採結構化的藝術活動，其活動之名稱及內容為：

第一次：介紹團體規範（Introduction and Rules of the Group）

　　包括自我介紹及討論團體規範。

第二次：我最得意的事（Something I Do Well）

　　　　成員繪畫此主題並與團體分享。

第三次：我（Me-Mobile）

　　　　成員以拍立得相機即刻拍成的相片、雜誌圖片、幾何圖案色塊、
　　　　線……等來裝置成一吊飾。事後並與團體分享自己的生活、嗜好
　　　　及有關於自己的事。

第四次：送給自己的一份獎勵（Award for me）

　　　　成員創作獎章、蝴蝶結、紀念品等來作為他們所做某一件事的獎
　　　　勵，並與團體分享作品。

第五次：我的感受（My Feeling）

　　　　成員彩繪自己的感受並與團體分享討論作品。

第六次：給某人一份禮物（Gift for Someone）

　　　　成員做一份禮給某人（非此團體成員）並與他人分享作品。

第七次：雕塑（Sculpture）

　　　　成員用黏土塑造令他們感覺愉快的事物並與團體分享。

第八、九次：大家畫（Group Mural）

　　　　成員決定主題及分配工作完成此壁畫。

第十次：總結、分享與結束（Summary, Sharing & Closure）

　　　　團體討論大家畫。領導者對所有的活動作一個總結。成員討論參
　　　　與團體的感受，並將他們的作品放在學校辦公室展覽。

　　研究結果顯示利用藝術媒材來作團體諮商確實能提昇兒童自尊心，對
自己有較高的評價（Omizo & Omizo, 1989）。

　　Darrell 和 Whealer（1984）以美國紐澤西州一所國中七年級的十二
位低成就學生為對象，施以為期一個月的藝術治療，目的在幫助這些低成
就學生提昇自我概念及認知能力。治療之課程計畫分為五個階段，採用結
構式的表現性藝術模式進行。研究評量的前後測均用「十項句子完成測
驗」來評估比較受試者的自我感受、自我概念及自我發展（ego develop-

ment）等狀況。第一階段：實施「句子完成測驗」及討論；第二階段：大家畫「我們願意居住生活的地方」，並配合第一階段的測驗結果加以討論；第三階段：成員對坐，互相寫生臉部，並討論「自己眼中的我」及「別人眼中我」；第四階段：人像畫。成員各自畫一人像，再由兩人一組配對觀察，描繪人像之細節並加以討論；第五階段：實施後測及討論。研究結果顯示，在為期一個月的活動之後，十二位低成就學生中，有八位學生的內在情緒衝突和自我防衛降低，自我概念及認知能力亦明顯地提昇，無論對同學、對自己、對學校和對社區的觀感亦較趨合理、實際。此外，這些學生亦表現出對未來教育成就和職業的興趣。

除了上述的幾個實徵性研究之外，亦有一些針對學校學生以大團體（如班級）或個人為單位的藝術治療課程的相關研究。Alexander（1990）認為從班級的藝術活動課程中，能幫助情緒障礙的學童澄清自己的感受。White 和 Allen（1971）研究一項以諮商為主的藝術課程，發現此課程能有效地提昇青春期學生積極的自我概念，Ruthstrus 和 Eoline（1979）以表現性藝術活動實施於中、小學，結果發現能有效地發展學生積極的自我概念。Wadeson 和 Epstein（1976）以藝術治療的模式來加強兒童的內在自我經驗，結果顯示這些兒童的攻擊性及自我概念，均有明顯改善。Katie（1985）設計藝術表現活動課程以幫助學習障礙的高中生，獲得自我尊重及成就感。Shaw（1978）則以藝術治療幫助有閱讀障礙的學生，研究結果顯示，藝術治療能解決這類學生的情緒衝突，進而成功地矯治其閱讀障礙。

國內有關於兒童藝術治療團體的研究有：

侯禎塘（民 76）以省立仁愛學校國中部二十四位肢體殘障之學生為對象，採用「實驗組—控制組前後測設計」之實驗研究，探討藝術治療團體對特殊學校肢體殘障國中學生人格適應之影響。研究對象以隨機抽取、分派的方式分為三組，一實驗組接受藝術治療實驗處理，另外控制組(一)施以美術教育經驗的繪畫活動，控制組(二)則無任何處理，各組人數為八人。此為期三個月（共十二次活動）的研究以「青年諮商量表」為主要評量工

具，並以「團體成員感受回饋問卷」為輔助工具，評量該研究之輔導效果。

研究結果發現：接受藝術治療團體經驗的學生，其人格適應，除在「現實適應」方面顯著優於未接受藝術治療團體經驗的學生以外，在「家庭關係」、「社會關係」、「情緒穩定」、「情態」等方面則無顯著差異。另外，在成員感受回饋問卷上，接受藝術治療團體的學生顯示對藝術治療團體的活動有良好的反應。

邱美華（民81）研究繪畫治療團體對國小適應欠佳學童的自我概念及行為困擾之輔導效果。研究者以台北市武功國小五年級學生其「小學人格測驗」原始分數低於一個標準差者二十人為研究對象（分成兩組，每組十名）。此研究採「實驗組—控制組前後測及後續測驗」實驗設計，實驗組接受為期約二個半月，每週一次共十次的繪畫治療團體；控制組則無任何治療介入。「兒童自我概念量表」及「國小學生行為困擾調查表」為此研究之主要評量工具，此外，實驗組學生在團體結束後並接受「團體成員感受回饋問卷」調查。研究結果顯示實驗組與控制組學生在自我概念及行為困擾上皆未達顯著差異。在後續測驗中，兩組之自我概念亦未達顯著差異，但其行為困擾除了「人際關係」未達顯著外，其餘各量表皆達顯著差異，可見此治療介入在對國小學童行為困擾的降低上有延續效果。再則，成員的回饋問卷結果亦十分肯定此治療的價值。

三、破碎家庭兒童藝術治療團體

有關於破碎家庭兒童的藝術治療文獻相當有限，研究者從師大圖書館電腦檢索的相關文庫中，只找到兩篇記載，其中一為藝術治療之用於離婚訴訟中法院對單親撫養子女條件之評估及權利判定，另一文獻則為表現性藝術治療在育幼院之應用，現謹敘述如後：

Lyons（1993）發表了一篇專文，探討藝術治療師在離婚訴訟中對兒童評估所扮演的角色。由於父母離異後，子女之安置與撫養歸屬為離婚事件後所衍生的重大課題，因此，美國民事法庭之法官在處理離婚案件中單

親對子女之撫養權時,均會尋求心理專業人員的協助,以保障兒童的權利。藝術治療師常為此由心理專業人員所組成的評估小組的成員之一。

藝術治療的投射測驗常能反映兒童,尤其是幼兒心理的真實狀況(Schetky & Benedek, 1992)。兒童即使知道父母的離異已是迫在眉梢的事實,也不願意談論它,因此藝術治療的評估,常成為兒童反映情感與認知的空間。在此兩次的結構化評估中,個別單親及其所有子女均需同時參與,並有自由選擇媒材(只提供色鉛筆、彩色筆、蠟筆、粉彩)的權利,亦提供鉛筆和橡皮,但並不置於桌上。八開大(12×18英吋)的白畫紙為個人單獨畫時使用,而四開大白畫紙(18×24英吋)則為共同畫時使用。此評估之程序為:

1. 個別單親及兒童各自作一張自由畫(Free Drawing);

2. 個別單親及兒童各自畫一張全家福(Kinetic Family Drawing);

3. 個別單親及其所有子女共同創作(Joint Family Drawing)。

若兒童已超過六歲,在時間許可下,則會再畫一張「連連看點畫」(Dot-To-Dot Drawing)。兒童以彩色筆自由地畫點,而後隨意連接點成一(封閉)形狀。治療師則從與兒童的對談中,引導出兒童對此形體的投射(從不同的方向來看)。最後一個步驟,則是兒童在此形體上添加色彩或線條,使之更像所投射的物體。

整個的藝術治療評估最後以文字報告呈現。對兒童的發展階段、認知技巧、解決問題的能力、情緒表徵、在每一次評估中的行為表現、與個別單親及其他兄弟姊妹之間的關係等均有詳細的描述。本文的作者發現,在第一張的自由畫裡通常會反映出兒童的發展階段,及其心中的最大困擾或重心。「房子」是這些兒童最常出現的自由畫主題,然而,即使是樣式化時期的兒童(已有基底線概念),也可能因心中對結構及安全感的強烈需求,使得他們的「房子畫」解構、變形,因缺乏基底而顯得搖搖欲墜。藝術治療師在離婚訴訟中所扮演的角色,即在保障兒童的福利,其功能與重要性是不容置疑的。在此,我們亦可得知「藝術治療」的專業性在美國是

相當被認可的。

　　Gonick 和 Gold（1992）在由以表現性藝術治療介入於育幼院院童（個案和團體）的經驗中，發現「安全感」、「無助感」、「羞愧」和「飢餓」為此類兒童在治療過程中最常表現出來的主題，而這些主題的出現與他們缺乏認同的對象有相當的關聯（James, 1990; Malchiodi, 1990; Rosenthal, 1987）。這四個主題也可能以反向的形式出現，如安全感以往戶外跑，作出危險的舉動如縱火來表現；無助感以力量的形式呈現，羞愧則轉以追求完美的方式呈現；而飢餓則變成追求充裕。此文的兩位作者分別為舞蹈治療師及藝術治療師，在文中對育幼院童在肢體動作及視覺創作中，如何表現出這些主題，有清楚的描述。

　　綜合以上的文獻資料可得知，藝術治療截至目前為止，雖有不少以兒童團體為對象的研究，但多屬於量的研究或課程活動設計，並未針對團體的歷程或團體中的治療性因素（therapeutic factor）加以探討，對於心理衛生的實務工作者而言，助益實在有限。

　　藝術治療在破碎家庭兒童治療團體之應用，綜合本章文獻探討的結果，研究者以為：

　　1. 藝術治療師專業資格的認定對治療的情境與成效有莫大的影響，其間包括治療師對於團體成員之評估、藝術治療活動之設計與媒材應用、詮釋作品、及團體運作的能力……等。由於藝術具非語言（non-verbal）溝通的特質，其在作品中所呈現的曖昧性（ambiguity）亦常在考驗著治療師的智慧，因此，治療師的資格成為治療行為中最基本亦最嚴格的需求。或許，這亦是許多藝術治療的文獻中，只描述活動的名稱及內容，而未提及其所以如此的原因。被認可的藝術治療師其「自由心證」的能力被相當的肯定。

　　2. 藝術治療團體的運作，有別於一般以口語為主的心理治療團體，未有明確的治療目標及課程安排（國內其他相關論文的活動設計大都參考某些研究的課程設計），而以「全人」的觀點，相信應該處理的主題會自然而然地在團體的歷程中浮現。但有關於破碎家庭兒童的身心發展及團體輔

導策略的文獻，卻也提供了相當的架構，讓研究者能預期此特定的團體可能會出現什麼樣的主題及如何引導和面對。研究者因此也將本文中的治療團體定位為「經常是結構式」，但「非指導式」（在團體中作個案）取向的兒童藝術治療團體。

　　3. 在藝術治療領域中，「創造性」（creativity）不只是在治療活動中當事人所追求的最高領域，亦為治療師個人在專業成長及個人生涯中所極力追求的境界。如何開發自己的潛能、自我實現、發展出有特色的治療風格，則是每位藝術治療師所應努力的方向。

・第三章　研究方法・

基於前一章研究之動機、目的及文獻探討的結果，本文以探討研究者本人於民國八十三年暑假於曹氏基金會全人發展中心，所帶領之破碎家庭兒童藝術治療團體為主要研究範圍。本章謹就研究者之自我檢核、研究之對象、設計、工具、程序及資料處理的方法等分述於後：

第一節 研究者之自我檢核

由前章的文獻探討結果可得知，藝術治療師之資格認定，為藝術治療實務工作之必要條件。此資格之認定，以研究的觀點來看，可視為專家效度之認定。本節謹就研究者之專業背景、治療哲學與選擇研究主題之關係三方面來敘述。

一、研究者之藝術治療專業

研究者畢業於美國藝術治療協會所認可之路易維爾大學（University of Louisville）之表現性治療（Expressive Therapies）研究所（1987～1989）。研究者在學期間曾在大學托兒所及精神科療養院有過 600 小時的臨床實務工作經驗。研究者之博士論文主題為「音感作畫的治療效果」（Lu, 1991）為探討音感作畫之療效與應用的專文研究。

研究者於 1992 年 3 月成為美國藝術治療協會所認可之藝術治療師（Art Therapiest Registered，簡稱 A.T.R.，自該協會認可之藝術治療研究所畢業之者，需有經 1000 小時與病人直接接觸、付費，且定期接受督導的實務經驗，經申請審查通過者），並通過該協會於 1994 年 11 月所舉辦的第一次藝術治療師資格檢定考試（參與者需具有 A.T.R. 資格），自 1995 年 1 月起成為該協會檢定合格之藝術治療師，領用該協會所頒定之最高專業頭銜 Art Therapiest Registered-Board Certified，簡稱 A.T.R.-BC。

研究者已有八年多從事藝術治療實務工作的經驗。自民國七十八年八月起，除任教於台北市立師範學院美勞教育學系之外，並兼任師大健康中

心的心理輔導老師及財團法人呂旭立紀念文教基金會之藝術治療師。每週有平均8小時的實務工作時間，對象以兒童、青少年及大學生為主。研究者並義務擔任國際藝術治療師組織（International Networking Group of Art Therapists）在臺灣地區的連絡人，負責通訊、文化交流及研究合作……;等工作。

二、研究者之藝術治療理念

　　研究者從自身藝術創作的經驗中，深深體會創作者與創作品之間的密切關係為創作者與其心靈深處的對話，經由將心象具體化的表現過程常能引發創作者對自我更深層的洞察。研究者以為藝術創作或有相對性的美醜之分，但無好壞之別。每一個創作品的呈現，無論有無主題的限制，均是當時（here & now）創作者理念及情感的再現，反映出個人的人格特質、人生經歷及潛意識的內容，亦即反映出每個人獨特的自我。這種「獨特性」不分智力的優劣、創作技巧的高低，透過創造的歷程，更能使人領會人之所以為人的可貴。美的形式有許多，經由對藝術史及美學的認知，研究者深知：透過對理念的探討與對創作歷程的覺察，常是促使藝術家「成長」的必要程序。藝術創作的價值，在於它能以簡潔的形式語言，直覺地洞晰、反映出一些人世的普遍現象。藝術家與常人藝術創作的最大區分，在於前者對事物的感受較為敏銳，有較精鍊的表現技巧和機會，而其創作或有絕對的實用價值（靠創作謀生），後者（尤其是一般成人）其創作技巧和機會或許較低，但其作品卻可能與藝術家的創作一樣地「好」。研究者以往所帶領的藝術治療成長團體，大多數的成員均無藝術創作的專業背景，其參與此種表現性團體的原始動機，大都因為藝術創作的表現形式較口語表達含蓄、「安全」。而在為期約十～十二次的課程聚會之後，成員大都很滿意自己的藝術表現，就如同肯定自我的價值般。有些成員更有開畫展、改行從事藝術相關行業的實際行動。研究者以為，一般人對自己視覺表現能力不能肯定，或固著於以往不愉快的藝術經驗，或由於現實因素，未有更進一步的表現機會。在從事一般人的藝術治療時，研究者常

將「開發個人的潛能」（任何種藝術形式）、「探索自我」、「肯定自我」為個人的治療目標，期待當事人能將在藝術治療中的經驗類化到日常生活中，有自己做決定的機會和能力。

藝術治療的經驗所得，是否能類化到日常生活？這個問題是許多人所關心的。以研究者從事此專業的經驗得知，此答案是肯定的（否則便無此專業在精神醫療領域存在的空間）。研究者以為此種讓當事人能將治療經驗類化到日常生活的治療性因素（therapeutic factors）在於治療過程中：

1. 治療師對當事人的尊重，可由對當事人創作的肯定表現出來。此種「包容」是哲學式、教育式地；是真誠的肯定，而不是一種施捨。如說明「寫實主義」、「印象主義」、「抽象主義」、「表現主義」的區別與價值，促使當事人去肯定自我創作的價值常是研究者在與當事人建立關係階段的重要課題。

2. 藝術表現即為當事人當時「自我」的再現。在經歷數次的治療之後，當事人會逐漸熟悉自己的視覺語言，進而能更有效率地運用和發展自己獨特的視覺表現語言。在此時，當事人通常能肯定自我的創作，無論滿不滿意，都能意識自己及自己的藝術創作客觀存在的事實。因為作品反映自己對生活事物的態度，當事人在治療中期，通常漸能察覺自己所面臨的問題、自我的界限（boundary），並體驗自我的力量（ego strengths）。

3. 研究者在治療中期常將擴展當事人自我的界限及增強自我的力量作為一般性的治療目標。治療活動的設計以促使當事人探索藝術表現不同的可能性及達到「創造性」的喜悅為最高原則。從治療的歷程中，當事人大都能發展出以不同觀點來看待自身問題的態度（自我界限擴展，人格較具彈性），有作決定的能力及對所做之決定負責的勇氣。

4. 治療末期，研究者則常與當事人共同回顧治療歷程（以作品或作品的幻燈片、照片輔助），鼓勵當事人將藝術治療的經驗與在此治療期間所發生的生活事件相印證。肯定當事人有獨自營運自己生活的能力，並予以最大的支持和祝福。

　　無庸置疑地，研究者之治療取向是所有心理治療理論之折衷主義者（eclectic）。大體而言，當帶領一般成人的成長性團體時，研究者認同存在治療（Existential Therapy）的理念與人本精神，相信每個人都有發展自己「獨特性」和「自我實現」的傾向，可藉由藝術創作來開拓當事人自我察識的能力及增進其做抉擇的能力。研究者為人性本善論支持者，容格（Jung）的人格結構說與分析心理學亦常為藝術治療活動設計時的參考。

　　至於精神病患者，研究者則視其病症及病情、經濟能力、治療資源等客觀因素，而有不同的治療取向。

　　對於兒童及心智功能較低者，研究者基本上的治療哲學與對成人的相似。但認為兒童的情緒及行為，大部分受個體的生理狀況及生活的環境所影響，其對場域的控制力（Lotus of control）較低，因此大都採用「遊戲」式、非指導式的活動設計，引導當事人從藝術遊戲或創作中呈現主題，再依「認知—行為」心理治療的理念和技巧，採較結構化的治療設計介入。

　　研究者尊重當事人或其法定監護人有選擇治療方式的權利，在治療之初的面談，即告知接受藝術治療之後可能的病程發展，並期待其對於自己所作的決定負責（接受藝術治療與否），能配合治療師在治療歷程中所作的要求（如做家庭作業……等）。由於國內的相關法規尚未建立，研究者之接案、與當事人的關係等均依照美國藝術治療協會的倫理規章行事（見附錄一）。

　　研究者以為，當事人創作時的心路歷程與在日常生活中所面臨的問題有很大的關聯。在治療師的指引下，當事人能對此關聯性有更高的覺察力，而此覺察力往往是邁向成長之路的必要因素。無論在藝術創作中或現實生活裡，當事人都必須運用理智和情感去經營。藝術創作是個體生命及生活的精緻縮影，反之，透過對藝術創作歷程的覺察，個體能更有效地掌控自己的生活。

第二節　研究對象

　　本研究之研究對象為兩育幼院推薦之有嚴重情緒或行為困擾之院童，暨經由聯合報報導而報名之成員（共十一名），經面談評估及參考「兒童自我態度問卷」、「小學人格測驗」及「房子—樹—人測驗」的結果後，共錄取八名，二女六男，育幼院院童及一般破碎家庭兒童各四位。研究者篩選本治療團體成員的標準為：

　　1. 為破碎家庭兒童；

　　2. 年齡九～十二歲之在學兒童；

　　3. 有情緒或行為的困擾者；

　　4. 非智障者；

　　5. 家長或監護人願意協助本研究之進行，同意團體成員接受錄影、錄音、拍照及觀察，並願意接受團體結束後的訪談者。

表 3-2-1　破碎家庭兒童藝術治療團體成員之背景資料

編號	性別	年齡	排行序	家庭狀況	情緒困擾或問題行為
1	男	9/05	1(獨子)	父母兩年前離異，現與母、外公、外婆同住；即將與父、祖父母同住。	情緒不穩、愛打電動、課業不佳。
2	男	9/02	2(上有一姊)	父親於成員四個月大時車禍死亡，成員與其母和姊姊住在臺灣中部。	幻想與同學有羅曼史，說謊、偷竊（同學的小東西）、喜歡模仿女人尖叫、嗲聲嗲氣的模樣。
3	女	10/11	1(獨女)	父母於成員三歲時即離異。成員歸母撫養，其母於成員四歲時又改嫁，但成員與繼父不和，其母與繼父之婚姻兩年前即呈分居狀況。	在校品學兼優，謊稱其家庭幸福美滿。在家排行中間，有兄姊各一人。在家情緒極端不穩，反對其母與任何人交往(尤其是男性)，會竊聽母親的電話。

4	男	11/05	2（上有一兄）	父母已離婚六年，兄弟二人與母同住，母爲工廠女作業員，家境清寒。	在校課業中等，一切正常。但偶有驚人之舉，如大叫、割破鄰居的紗窗……等。
5	女	9/06	1（獨女）	成員之母在其幼年時即過世，父親曾坐過牢，現仍不務正業。成員四歲即被育幼院收容至今。年節時回家與祖父母同住。	成員爲受虐兒（父、祖母肢體及情緒虐待）。說謊成習、偷竊、對男子（孩）有挑逗行爲。會主動乞食（放學回育幼院的路上）。
6	男	9/01	3（上有一兄一姊）	父親於成員幼年時即過世，母再婚，爲精神病患，以清潔工爲業，家境清寒。成員四歲時即被育幼院所收容，其兄則爲另一療養院所收容。	成員之智力魯鈍（IQ80左右），在校成績低落，易衝動、好打架。
7	男	11/05	3（有二姊）	成員之父於其嬰兒期死亡，母又於其五歲時自殺身亡。其母生前從事特種行業，懷成員時即已吸食毒品。成員於年節時回家與外婆及舅舅的家人團聚。	成員之衛生習慣極差，有偷竊、說謊、數次逃家逃學、縱火等不良記錄。長期接受醫院心理治療（於團體進行期間中斷）。
8	男	10/15	1（獨子）	成員爲非婚生子，其母對成員家教嚴格，動輒以打罵。由於反覆同意／不同意接受育幼院爲成員安排收養家庭，影響成員之情緒極大。成員先前曾待過另一家育幼院，兩年前才由目前的育幼院所收容。其母於假日接成員回家團聚。	情緒不穩、行動化傾向強烈、滿口髒話。

註：成員 1～4 爲一般家庭兒童，成員 5～8 爲育幼院院童，其中成員 5 和 6、7 和 8 分別來自不同的兩個育幼院。

第三節　研究設計

　　本研究為配合藝術治療團體實務工作之進行，以團體成員治療前、治療後測驗設計及四個月後追蹤訪談之方式，來探討本團體介入對破碎家庭兒童之影響（請見表 3-3-1）；同時，以分析其中一位成員在過程中的行為及藝術表現來探討此一特定團體的歷程及治療性因素。

　　本研究設計之特徵如下：

　　一、本研究之對象均為破碎家庭兒童，雖然家庭破碎的原因和形式或有不同，但均同時間接受相同的實驗（藝術治療團體）介入。實驗進行中，此生活背景之不同依團體動力的走勢而自然地揭露，並不特別強調。

　　二、所有成員在團體開始之前及之後，均皆受小學人格測驗、兒童自我態度問卷、房子—樹—人測驗（House-Tree-Person-Test，簡稱 H.T.P.）的施測，以比較成員在團體介入之後，自我態度及行為困擾的改變情形。H-T-P 測驗結果更另請三位心理實務專家評量，求得評量者間之信度。前測的結果為研究者篩選團體成員的主要依據之一。

　　三、成員均接受為期一個半月，共計十次的治療團體介入（不包括團體開始前及結束後的施測）。

　　四、本實驗處理原為一團體實務之歷程，為隨時掌握成員之身心狀況，在實驗處理中增加了無法量化的「訪談」部分（詳見第四節）。

　　五、所有成員之家長或監護人，在實驗介入結束後四個月（即一個學期），接受研究者半結構化的電話追蹤訪談，以評估團體介入的後續影響。

表 3-3-1　本研究之設計架構

人　數	前　　測	團體介入	後　　測	追蹤訪談
N＝8	T1	X1	T2	T3

六、藉由與成員家長或監護人之訪談，團體進行中所做的錄音、錄影、觀察員的過程記錄，及成員於團體結束時所填寫之「團體結束後成員意見表」之資料，來補充說明團體介入之成效。

七、為能深入了解藝術治療團體中的治療性因素，乃隨機在五位全程參與的成員中選擇其中一位成員（成員七）的所有治療表現為分析的對象。

第四節　研究工具

本研究所使用的測量工具計有基本資料、同意書（見附錄二、三、四）、小學人格測驗、兒童自我態度問卷、房子—樹—人測驗、H-T-P 測驗結果評量表、H-T-P 測驗情感特質評量表（見附錄五、六）、活動錄影及錄音、活動設計、觀察員、助理、訪談及團體結束後成員意見表（見附錄七）。以下分別針對研究工具予以說明：

一、兒童藝術治療團體基本資料表

此為研究者自編之基本資料表，於初次面談時交予學員或其監護人填寫（附錄二）。

二、同意書

研究者在團體開始前依據團體及作品有關的倫理問題，擬具同意書，並予初次面談時交予成員之監護人填寫，其中包括作品授權同意書及攝影、錄音、錄影同意書（附錄三、四）。

三、小學人格測驗

由徐梅熙（民72）修訂，中國行為科學社出版，共有十二個分量表，可統合為個人適應、社會適應及總適應三種分數。其使用複本測驗的信度，在個人適應上是 .96，社會適應上是 .96，在總適應上則為 .97，而

在效度方面主張依據測驗的內容來處理，因此在此量表上分數愈高，表示適應能力佳，對情緒控制、環境配合及行為處理有良好的態度。而分數較差者，則表示與大環境無法融合、情緒較易不穩定，不喜歡與人交往，有些孤獨、內向、退縮、消極的態度及想法。

四、兒童自我態度問卷

由郭為藩編製（民 76），中國行為科學社印行。本問卷共有五個分量表與全量表，分量表測量自我概念的五個領域，即：對自己身體特質的態度，對自己能力與成就的態度，對自己人格特質的態度，對外界的接納態度及對自己的價值系統與信念。全部問卷共八十題，每個分量表十六題，分量表之滿分各為 16 分，全量表之滿分為 80 分；分數愈高表示自我概念愈積極，反之則愈消極。其折半信度在五分項與全量表依次為 .75、.70、.60、.72、.61、.80，其重測信度則依序為 .71、.74、.65、.73、.70、.73。在效度方面，與小學人格測驗進行典型相關分析其取得三個典型因素。此三個典型因素重疊之和 216，表示兒童自我態度問卷分數可以解釋小學人格測驗分析總量的 21.6％（何英奇，民 75）。可見兩者雖所測不同，但仍有其相關性，具備同時效度。

五、房子—樹—人投射畫測驗（*House-Tree-Person Projective Drawing Test*，簡稱房子—樹—人測驗，英文為 *H.T.P.*）

投射測驗以個體面對結構不明確或意義模糊的刺激時，會反映出個人的人格特質為發展的基本假設。因為這些模糊的刺激本身並不含有特定的意義，但受試者所反映的卻具有特殊的意義，此一意義即來自受試者對刺激的主觀解釋，在不知不覺中反映了心理上的需求、動機、個性、情緒、衝突、防衛……。施測者對這些反映有系統地分析以後，可進而推測受試者的人格結構與歷程。

投射畫測驗為藝術治療領域中，最常被使用的診斷工具。Rabin（1986）認為投射技術為極具洞察力的工具，可提供相當豐富的資訊。難

能可貴者，它能為其他心理衛生的專業人員所了解，因此，在醫療系統中被廣為用作評估的工具。對於沒有適當的口語表達能力，無法或不願以口語表達他們的想法及需求的兒童，投射畫測驗更為一實用的評估工具（Neale & Rosal, 1993）。無論兒童是否有情緒困擾，均有表達其需求的基本衝動（de Traubenberg, 1986），多位學者均認為孩童能將其對自我的概念和情感，投射於繪畫作品中（Buck, 1966; Harris, 1963; Koppitz, 1968; Lowenfeld & Brittain, 1987; Ogden, 1986）。

　　以一種心理測驗的工具而言，投射技術雖然經常無法滿足「標準化」、「客觀化」、「信度」、「效度」等要求，但在臨床上的應用卻有增無減，尤其是在兒童性格的診斷上。研究者以為投射測驗遠較自陳式問卷能幫助治療師明瞭病人的心理狀態。自陳式問卷除了較易有蓄意隱瞞的缺點之外，受試者亦需有較強的抽象能力和自省能力。正因投射測驗的使用相當依賴施測者的專業背景及臨床經驗，因此使用此測驗時，宜隨時檢視對受試者之診斷有無不一致的資料，並培養自己的敏感度，使得施測過程的各種資訊，都能成為診斷時的參考資料。

　　房子—樹—人測驗為藝術治療師在評估當事人的心理狀態時，常選用的投射測驗之一。一些實證性研究的結果都支持投射測驗對受試者行為的預期有相當高的可信度（Albee & Hamlin, 1949; Cohen & Phelps, 1985; Graham, 1956; Kuhlman & Bieliauskas, 1976; Ouellette, 1988; Marzolf & Kirchner, 1970; Strumpfer, 1963），及使用效度（Cohen & Phelps, 1985; Kuhlman & Bieliauskas, 1976; Ouellette, 1988; Soutter, 1994; Wu, Rogers & Searight, 1991）。然而，其重測的信度卻常因受試的意願降低而大打折扣（Schubert, 1969）。大體而言，測驗的最後解釋，宜考慮受試者所有繪畫的整體表現（此處指人、樹、房子，三張或四張畫而言），而非某張畫裡的某一特徵來作評估（Ogden, 1986; Swensen, 1968）。

　　Ogden（1986）在其所著的「Psychodiagnostics and Personality Assessment: A Handbook」中，將一般使用投射測驗時應考慮的「運筆

要素」（Graphmotor Factors）歸納為下列五項：(1)擦拭（erasing）；(2)空間安排（placement）；(3)力道（pressure）；(4)大小（size）；及(5)筆觸、線條、塗抹（stroke, line & shading）。而「繪畫表現要素」（General Projective Drawing Factors），則包括下列八個要素：(1)細節（detailing）；(2)變形與省略（distortion and omission）；(3)紙邊（edge of paper）；(4)基底線的處理（ground line treatment）；(5)中線的強調（mid-line emphasis）；(6)對稱（symmetry）；(7)透明（transparencies）；及(8)多種類投射繪畫的要素（miscellaneous projective drawing factors）。任何一要素的種種表現特徵和所建議的行為傾向，均為實證研究的所得。許多心理學家都認為，在繪畫測驗後，即興的問話或請受試者依據標準化的問題作答，能使得整個的投射測驗更完整。以下則就畫人、樹，和房子測驗的內容和注意事項分別描述：

(一)畫人測驗

畫人測驗被普遍公認能表現出受試者對自己和自己身體形象的概念。雖然畫人測驗通常反映受試者對自我的概念，但亦可以表現出其暫時性的態度變化和情緒表徵（Berman & Laffal, 1953; Craddick, 1963; DiLeo, 1970 & 1973; Kammano, 1960; Ludwig, 1969; Mundy, 1972; Swensen, 1968; Wolk, 1969）。

在畫人測驗裡，其「主要的詮釋假設」（primary interpretive hypotheses）有下列幾項，即下列各部位不尋常的畫法（unusually drawn）：

- 頭部（head）
- 五官（facial features）
- 眼及眉（eye and eyebrow）
- 耳及鼻（ears and nose）
- 嘴及下巴（mouth and chin）
- 脖子及喉節（neck and adam's apple）

- 軀幹及身體（torso and body）
- 上肢（anterior appendages: arms, hands, fingers）
- 下肢及雙腳位置（locomotor appendages and stance）
- 姿勢、眼神及動作（posture, view perspective, and movement）
- 穿著及其他飾品（clothing and other appurtenances）
- 不同人物畫的表現方式（miscellaneous modes of drawing a person）
- 不同畫法的男女人物畫（differential treatment of male and female drawing）

畫人測驗施用於兒童時，以「畫一個全身的人像」為指導語，可參考「畫一個人測驗」（draw-a-person-test）（Harris, 1963）中對智慧發展之相關評量及對「情緒表徵」（emotional indicators）的詮釋。此測驗施用於成人時，則於受試者畫完一張人物畫時，要求繼續畫一張與前一張性別不同的人物畫，兩張一組來評測其人格及情緒傾向。

(二)畫樹測驗

許多個人的心理、人際關係和對環境的適應的心理分析可以從人們的樹畫中看出端倪（Buck, 1948, 1950, 1969; Koch, 1952），樹畫反映繪圖者從人格深層潛意識中的自我投射（Buck, 1948, 1950; Cassel, Johnson & Burns, 1958; Hammer, 1958; Koch, 1952; Landisberg, 1953, 1958）。

畫樹測驗的相關研究結果顯示其與智慧，尤其是心理年齡發展的關係（Fukada, 1969），但它不像畫人或畫房子測驗般易受年齡發展的干擾，七歲以上者的樹畫仍能反映出其人格特質。

畫樹時用筆塗上陰影可能暗示受試者對於過去不滿意的人際關係仍存在著幾許焦慮（Buck, 1948; Jolles, 1952, 1964），而在樹畫中添加太陽可能暗示受試者對與權威人士關係之覺察或象徵其能感受到環境中的溫暖（Jolles, 1964）。畫樹測驗的主要詮釋假設（primary interpretive hypotheses）乃針對其所畫樹的種類（types of tree）及部分的處理（treatment of parts of trees）而提出。

(三)畫房子測驗

房子畫雖可以視為受試者一具象徵意義的自畫像，但通常反映其居家生活及和家人關係的品質。有時，房子畫代表受試者自己的家、過去的家、他所嚮往擁有的家，或是兩者的綜合體。當然，房子畫也可能象徵受試者的母親，描繪出對母親的情感。整體而言，房子畫的臨床印象應該可說是反映個人的自我概念（self perception）和其家庭生活的品質（quality of family life）。房子畫尤其能揭露個人對自己在家庭中的地位之看法。豪華巨宅可能反映個體對自己有較高的期許，相反地，寒窯則反能代表一較謙卑、平淡的生活型態。

正常人所畫的房子應該會包括 Buck（1948）所言的必要細節，值得一提者，其中的「煙囪」一項，由於電爐、瓦斯爐、電熱器的普及，大可從「必要細節」的名單刪除。六歲以上智力正常者的房子畫中若缺少任何一細節（一個門，一個窗子，一面牆，一個屋頂），均可能暗示智力退化或嚴重的情緒困擾現象（Beck, 1955; Jolles, 1964）。

房子畫中常會有其他附加上去的圖像。依賴性較重的女性，其房子畫中常加上太陽（Marzolf & Kirchner, 1972）。房子畫中若畫上天空的雲，可能暗示著一般性的焦慮；背景中有山，可能反映一種防禦性的態度和獨立的需求；房子畫中加了基底線則可能反映憂慮、不安全的心態；房子若畫有陰影，可能暗示著受試者的焦慮（Hammer, 1954; Jacks, 1969）；房子周邊的圍籬或與不安全感和自我防衛、劃界的需求有關；而在房子周邊畫上鬱金香和雛菊式的花朵，則可能反映人格的不成熟，是不正常兒童、情緒退化者和精神分裂症病人常有的房子畫現象（Buck, 1948, 1950, 1966; Hammer, 1954; Jolles, 1952, 1964）；而正常、情緒穩定的人則可能在房子周邊畫上其他形態的花朵。防禦性強的男士，和自覺幸福洋溢、幸運的女性會添加圍籬（Marzolf & Kirchner, 1972），房

子四周畫了許多樹可能代表強烈的依賴需求（Levine & Sapolsky, 1969）。

　　無法將房子的部分好好地統整、表現出來，尤其當其用筆是不確定、力道不均、斷斷續續的線條時，可能反映受試者的生理病痛，也許是一個慢性的腦部病癥（Burgemeister, 1962; Hammer, 1969; Jacks, 1969）。

　　房子畫的主要詮釋假設除了上述不尋常的表現形式之外，還包括注意其外觀上的距離（apparent distance），視點（perspective）、房子的大小和空間位置（size & placement of house）、房子的部分（parts of house drawing），後者又包括煙囪（chimney）、門（door）、導雨管和排水溝（rain spouts & gutters）、屋頂（roof）、階梯和走道（steps & walkways）、牆（walls）和窗（windows）等細部的處理方式。

　　在本研究的前測及後測中，每位小朋友畫完三張畫後，便在助理人員或研究者本人的幫助下，回答下列幾項問題，以輔助測驗的評估。

　　在人物畫測驗方面：

　　1.此人物是真實的或是想像的？他的名字或綽號叫什麼？

　　2.年紀多大？

　　3.職業是什麼？

　　4.喜歡什麼（人、事、物均可）？

　　5.討厭什麼（人、事、物均可）？

　　在樹畫測驗方面：

　　1.此樹是真實的或是想像的？叫什麼樹？

　　2.樹的年齡（幾歲）？

　　3.長在什麼地方？

　　4.若是他（她）能在該畫中，則會在那裡？做什麼（以「×」標示）？

　　在房子畫測驗方面：

　　1.此房子是真實的或是想像的？

2. 屋子的年齡（幾歲）？

3. 位於那裡？

4. 住有那些人？他們有什麼樣的關係？

　　人—樹—房子測驗為研究者欲了解團體成員在團體開始及結束時心理狀態的工具，採前、後測的方式進行。雖然從文獻中我們得知此投射技術應用於後測時，往往會因為受試者較缺乏作畫動機，在信度上大打折扣，但研究者認為此測驗對於受試者在團體中的整體評估，仍具參考的價值。

六、H-T-P 測驗結果評量表（附錄五）

　　此為研究者自創，作為 H-T-P 測驗結果專家信度評量之工具。

七、H-T-P 測驗情感特質評量表（附錄六）

　　此亦為研究者所自創，旨在能更進一步探討成員七在前後次的 H-T-P 測驗中，情感特質的表達程度。

八、活動錄影、錄音及拍照

　　十次藝術治療聚會均有全程的錄音及部分的錄影記錄。錄影設備為 Sony 的掌上型家用錄影機，由團體工作人員隨機操作。活動過程及成員的作品均有拍照記錄。此活動錄影、錄音、拍照的資料，為研究者計算成員七在團體歷程中所發生的不良行為次數及在團體結束後藉以評估團體過程及結果的重要依據。

九、活動設計

　　藝術治療團體之內容與實施過程為本研究之重心，以下謹就此實驗性治療團體之活動設計來說明。

㈠活動之一般性目標

1. 在團體中做個別治療。

2. 在安全、接納及信任的氣氛下，成員經由創造性的藝術表現，能獲得情緒或情感的昇華。

3. 在同理、互信而不受仲裁的良好關係中，促進成員自由地表現，增進成員對自我的了解並進而接納自己、肯定自己、邁向自我成長。

(二)活動設計之原則

此實驗性藝術治療團體之活動設計均由研究者所自創。除了第一次團體聚會之活動為事先已安排好的之外，其餘九次活動內容及主題，均由研究者在每次活動結束後，會同團體助理及觀察員對該次的活動作通盤的檢討之後才決定的所得。大體而言，活動的設計與團體的動力及團體中所出現之主題及成員對此主題之反應有關。詳細之活動設計將以「回顧」的方式，在下一章研究結果中列出。

十、觀察員及助理

為使研究過程能更客觀，減輕研究者與領導者雙重角色所產生的偏差，在團體進行的過程中，研究者特邀一觀察員及團體助理來協助團體之進行。本團體之觀察員亦為輔導專業人員，在當時期已具有兩年的團體實務工作經驗，除了視團體動力之需要，偶爾需協助領導者帶領小組分享活動外，在團體進行中，主要負責錄音及填寫團體過程記錄。本團體之助理為市立師院特教系二升三年級之學生，負責協助每次藝術治療活動前後之準備及善後工作，包括道具的製作、情境之佈置、藝術材料之分配與供給……等。在團體進行中，本團體之助理大部分的時間擔任本團體之「成員表現記分員」（應領導者之要求，以維持本團體之常規），並依團體之需要，在領導者的指示下，適時參與團體，並負責攝影等相關事務。

十一、訪談

本研究中所指的訪談，包括團體每次聚會前後領導者與成員家長或監護人不定時的會談，及在團體結束後四個月對成員家長或監護人所做之電

話追蹤訪談。

(一)團體進行中之訪談

為隨時掌握成員的身心狀況，達到在團體中做個別治療的目的，領導者與成員之家長或監護人，常於每次的聚會前後，做不定時的交談。團體結束後，更與成員之家長另外安排時間（一人三十分鐘），解說其子女在團體中的整體表現和前後測驗的結果評估，並預告其子女在團體結束後可能產生的行為或情緒變化。

(二)電話追蹤訪談

為得知團體之功效在歷經四個月之後，是否仍持續著，遂於民國八十四年一月中旬，對成員之家長或監護人，依下列各問題親自進行「半結構性」的訪談：

1. 請比較貴子女在參與團體前與團體後在學校之適應情形（包括師生關係、同儕關係及課業成績）。

2. 請比較貴子女在參與團體前與團體後在家庭中的適應情形（包括日常生活作息及親子關係）。

3. 請比較貴子女在參與團體前與團體後在其個人成長方面的情形（包括對自我的態度和價值觀，對自己身體特質、能力與成就、人格特質和對外界的接納態度……等，可以這四個月中，成員個人的重要記事說明之）。

4. 請比較貴子女在參與團體前與團體後，對藝術活動的態度。

十二、團體結束後成員意見表

為了解成員對參與藝術治療團體的綜合感受，並提供領導者有自省之機會，研究者自訂團體結束後成員意見表，於團體結束後（第十二次）的團體聚會中，請成員本人或在他人協助下，填寫此意見表（見附錄七）。

第五節　研究程序

本研究之全部過程可分為籌備、團體介入、評估及統整四大階段進行。

一、籌備階段

研究者於民國八十二年度第一學期訪視數個台北縣市的國小輔導室，詢問有關於破碎家庭兒童有情緒或行為困擾者目前在校接受輔導的情形。在確定以「團體」為主要的輔導形式之後，即利用電腦文庫蒐集有關於藝術治療團體及破碎家庭兒童輔導的文獻，預擬破碎家庭兒童藝術治療團體的計畫。

計畫擬定之後，獲得財團法人曹氏基金會全人發展中心的贊助及支持，遂決定於八十三年暑假進行破碎家庭的兒童藝術治療團體，開始召募成員的工作。此實驗性治療團體最後決定為一八人的小團體，成員均為破碎家庭兒童。

二、團體介入階段

研究者於民國八十三年七～八月暑假期間進行本研究團體，並徵得成員家長和監護人的同意，在團體歷程中錄音、錄影。成員於初次面談時填寫基本資料及同意書，並完成「小學人格測驗」、「兒童自我態度問卷」及「房子─樹─人投射畫測驗」。領導者（即研究者本人）並就成員的初次測驗結果與成員之家長或監護人做個別的面談溝通，說明本團體的功能與特色暨對家長的期待等。

本團體之成員每週固定聚會兩次，每次 2.5 小時，其間包括二十分鐘的茶點午休時間。領導者並針對活動之需要，在幾次活動結束後，指定成員回家作業。本團體之觀察員於活動期間均詳細、客觀地記錄活動歷程。領導者並於每次團體結束後，與觀察員及團體助理共同針對當次的治療活

動提出檢討，以便領導者決定下次聚會主要的探討主題及活動設計。

　　本實驗性治療團體之活動場地為財團法人曹氏基金會全人發展中心之大團體室。此一活動室可同時容納二十人活動，在墨綠色的大理石地板上鋪有活動性的灰色地毯塊，可依需要拆卸、裝置。室內採光充足，通風良好，環境佈置明朗宜人。活動室內並置有一藝術媒材儲藏室及一浴廁設備。

三、評估階段

　　所有成員於團體結束後當天填寫成員意見表，並於第二天，分上、下午兩梯次前至全人發展中心接受治療後的測驗評估（測驗工具與前測同）。領導者並與成員家長或監護人就治療後測驗的結果，另做個別面談（每位三十分鐘）。領導者並於團體結束後四個月，利用電話對成員之家長進行追蹤訪談，以了解成員之適應狀況。

四、統整階段

　　研究者於團體結束後，依所蒐集到的資料（團體記錄表、個人基本資料及測驗結果、團體結束後成員意見表、電話追蹤訪談結果、錄音帶、錄影帶、照片、領導者之個人日誌……等），進行處理。並嘗試以「回憶」的方式客觀地記錄團體的歷程，企圖將多重角色對本研究的影響降到最低。

第六節　資料處理

　　本研究雖使用「小學人格測驗」及「兒童自我態度問卷」為前、後測評量工具，但由於八位成員中有四位之後測結果明顯地不具信度（如在答案紙上全填某一種特定答案，作答不到三分鐘即交卷……等），未能進行統計處理，故此二測驗的結果，僅供參考之用。房子—樹—人測驗的詮釋，除參考現成的指導手冊之外，亦依據與家長訪談的內容，與成員面談

的結果（包括測驗時的問話）而評定。為求得此投射測驗的客觀性，研究者特另請相關領域的實務專家三位（專家的認定為熟悉此項測驗，有臨床或心理諮商十年以上經驗者），就研究者本人對每位成員 H-T-P 的測驗結果，予於五等化（1－5，非常不同意—非常同意）的評分（附錄五），並求得評分者間的信度。研究者並在全程參與團體的五位團員中，隨機抽選一名團員（成員七），請三位專家連同研究者本人，分別以五等量表（1－5，非常不明顯—非常明顯），評量受試者前、後次 H-T-P 測驗中九項情感特質的表達程度（附錄六），並利用 SPSS/PC＋5.0，進行此重複樣本的 t 考驗（表 4-4-1）。

　　研究者將成員在團體結束後所填寫的意見表及家長電話追蹤訪談資料所得彙集成表，加以歸納分析，以評估藝術治療團體的成效。研究者並以成員七在團體過程中的表現——包括「小學人格測驗」及「兒童自我態度問卷」之前、後測結果、行為舉止（參考錄影帶、錄音帶內容及觀察員的活動記錄，計算其每次活動中所表現的不良行為次數）、口語表現（研究者描述每次活動中成員七「有意義」的言談）及藝術成品，加以描述和分析，藉以明瞭此一特定團體之治療性因素為何。

·第四章　研究結果與討論·

　　本研究旨在探討藝術治療團體介入對有情緒或行為困擾之破碎家庭兒童的影響。根據此研究目的，本章就團體過程、評量資料的前、後測結果、團體成員感受回饋及與團員家長之電話追蹤訪談之內容，及一位成員在團體歷程中的表現加以描述，以評估治療之成效，並探討可能的治療性因素為何。

　　本章共分為四節：㈠描述團體進行的方式及內容；㈡藝術治療團體介入對破碎家庭兒童之影響；㈢整理團體成員於團體結束後之問卷回饋及對其家長電話訪談之結果；㈣描述及探討成員七在團體歷程中的表現。

第一節　破碎家庭兒童藝術治療團體過程分析

　　本實驗性治療團體之活動乃研究者依團體需要所自創，其理論基礎大都於第二章已詳述。領導者在進行此團體時，依本團體的目標——幫助破碎家庭兒童自我探索、成長，改善其情緒及行為困擾來設計活動。每一次的活動方案均依當下的情境、成員的反應及前一次團體出現的特殊現象來決定（第一次的團體活動除外）。領導者採「經常結構式」但「非指導式」的方式來進行本實驗性團體，而媒材在供應充足的前提下，依成員的狀況及實際情境而決定。本團體之成員每週聚會兩次，每次 2.5 小時，共歷時一個半月（不包括前、後測的面談及評估）。本團體進行的過程及方式如下：

一、暖身

　　領導者在帶領此團體時，所應用到的暖身技巧有：

　　1. 以繪畫或書寫的方式進行。如在第一次聚會時，請成員製作自己的名片，並在上面記錄最喜歡的電視節目、最愛吃的食物、最喜歡做的事及在學校最喜歡上的學科。

　　2. 以聲音及肢體活動來暖身。如在第二次請成員蒙眼仿動物的叫聲來尋找自己的動物家族及第三次的聽音樂舞動。

3.討論特定的主題（第四、七、八次），及前一次的家庭作業（第五次）。

4.介紹藝術媒材。如第六次介紹如何使用粉彩，第九次示範如何以透明色草紙貼畫。

5.透過冥想方式協助成員放鬆，想像進入特定情境（第三次）。

二、創作活動

在此階段通常成員均能十分投入，亦占有團體的最多時間。本團體之助理視需要參與創作活動（第九次）。原則上，領導者及觀察員不直接參與創作活動。

三、休息時間

每次團體聚會均歷時 2.5 小時，其間有二十分鐘的午點時間。團體進行中，團員可視需要，經同意後自由進出（上廁所、喝水、或「面壁」）。午點時間，除了可幫助成員紓解內在的情緒之外，另一方面可以藉此時間收拾場地，以及讓動作較慢的成員多一個緩衝的時間。

四、分享、討論時間

創作完後的作品分享，能促進團體的凝聚力及互動。由於兒童「主動」討論問題的能力有限，因此，領導者以較「指導式」的方式來帶領此過程。在本實驗團體中，通常有以下幾種進行方式：

1.讓每一位成員輪流分享自己的作品。

2.分兩組，讓每組的成員各自分享作品（第二次，分為育幼院院童組及一般破碎家庭兒童組）。

3.將所有作品張貼在白板上，以「有獎徵答」等遊戲方式讓成員自由聯想，而後再請創作者分享其創作的動機及內容。

大體而言，領導者在此團體中感受到成員之情緒受到強烈的壓抑，對環境極度的不信任，少數幾位高年級的兒童防禦性極高。因此，在活動設

計中，順著團體動力，以「負向情感」之紓發及昇華為大多數團體聚會的目標之一，而以遊戲似地「自由聯想」技法，引導主題的呈現。十次的活動設計，請參考由本團體之觀察員所作之活動記錄，整理如表 4-1-1。

表 4-1-1　破碎家庭兒童藝術治療團體活動設計表

階段目標	次別日期	活動名稱	使用媒材	活動目標	活動程序	MDV	ETC
第一階段 1. 培養安全、信任的團體氣氛 2. 促進成員間良好關係的建立 3. 協助成員放鬆防禦投入藝術創作，勇於自我表現	一 83/7/21	自我介紹（團體形成）	色卡紙彩色筆簽字筆	1. 幫助成員相互認識 2. 激發成員參與團體的動機 3. 說明團體的進行方式及權利、義務問題 4. 建立常規	1. 暖身活動（名片製作、自我介紹） 2. 團體規範、權責 3. 主題活動描繪「自己眼中的我／別人眼中的我」 4. 休息 5. 分享回饋	LCSR	P/A Cr.
	二 83/7/26	自由貼畫	全開白西卡紙、舊報章雜誌、剪刀水色膠、彩筆	1. 幫助成員紓解情緒（撕、剪……等破壞過程），釐清自己生活的內容、需求、願望……等 2. 協助成員彼此信任、分享經驗 3. 使領導者能了解成員之價值觀及潛意識內容	1. 暖身活動（動物家族） 2. 主題活動——自由貼畫 3. 休息 4. 分享與回饋（分育幼院童組與一般兒童組）	LCUR	P/A C/Sy Cr.
第二階段 1. 協助成員表達及放鬆情緒，調和內心的衝突及矛盾 2. 提昇成員對人我關係的洞察力	三 83/7/28	音感作畫	八開大圖畫紙、彩色筆、卡帶、CD	1. 協助成員表達、釋放分離，被拋棄……等負面情感 2. 協助成員了解自己的感受，慣用的處理方式及其他比較有效的處理方法 3. 從創作及遊戲中昇華情感	1. 暖身活動（音樂、冥想與肢體動作——原子小金剛） 2. 主題活動——音感作畫；原子小金剛思念家鄉的人事物 3. 休息 4. 鑑賞、分享與回饋	LCUR	P/A C/Sy Cr.

3.能熟悉藝術媒材的特質，並產生興趣，能自由地表現並能做基本的藝術批評 4.能反省檢核自己的行為，提出適當的應變方式 5.團體向心力的凝聚 6.預告團體的結束	四 83/8/2	描身畫：最× ×時候的我	人等身大壁報紙、廣告顏料、水彩筆等	1.澄清情緒與事件間之關聯，覺察此時此刻或最近的情緒狀態 2.協助成員認識自己，增進自我概念 3.紓解情緒，接納自己的身體	1.暖身活動——主題例示／我最××的時候 2.主題活動——描身畫：最××時候的我（兩人一組） 3.休息 4.分享與回饋 5.指定作業——感恩的心，造五個句子「我感謝××，因為～」	LCSF	P/A Cr.
	五 83/8/4	廢物造型：送一份禮物給我最感謝的人	廢物、包裝紙、色卡紙、固著工具……等	1.使成員能珍惜自己所擁有的，並進而能關懷他人 2.分享經驗，提昇團體的凝聚力 3.了解自己家庭與他人家庭的異同，增進自我與家庭的關係 4.紓解情緒，接納現實中的我	1.討論上週作業 2.主題活動——廢物造型：送一份禮物給我最感謝的人 3.休息 4.分享與回饋	LCUF	P/A C/Sy Cr.
	六 83/8/9	我最××的時候：我的情緒	八開大圖畫紙、粉彩、固著噴膠	1.釋放、了解、表現抽象情感（難過、生氣……） 2.澄清與此情緒有關的事件與人物 3.經驗分享，提昇團體凝聚力	1.暖身活動——認識粉彩 2.主題活動——描繪我的情緒（3張） 3.休息 4.分享與回饋	LCUF	P/A C/Sy Cr.

	七 83/8/11	十年後長大的我	彩色紙、黏土、色卡紙	1. 紓解情緒、昇華情感 2. 協助成員釐清對自己的期許及付諸實現的可能性 3. 促使成員重視自我存在的價值，澄清引導某些成員不健康的自我概念（十年後已死亡） 4. 現實感、自我功能的提昇	1. 主題活動：黏土雕塑——「現在的我和十年後長大的我」 2. 休息 3. 分享	LCUF-R	K/S P/A C/Sy Cr.
	八 83/8/16	青蛙家族：心裡劇扮演	已製成之紙青蛙（依角色不同而有不同裝飾）	1. 由成員共同討論演劇之角色，呈現主題，凝聚向心力 2. 表現成員對主題（如父母爭吵、想自殺、逃學…）之情緒與看法 3. 澄清、反映事件的原委及種種應變的可能性 4. 協助成員調和內心的衝突與矛盾，並予以支持	1. 主題活動——青蛙家族演劇角色及場景設定，場景1~8 2. 休息與分享	HCUR	P/A C/Sy Cr.
第三階段 1. 統整成員在團體中的學習和經驗 2. 處理影響個人成長的，但尚未在團體中處理的重要事件 3. 體會施與受的經驗 4. 提昇美感經驗 5. 結束團體	九 83/8/18	許願磁場：共同貼畫	彩色透明草紙、白膠、水彩筆、全開大壁報紙兩張	1. 提供安全的空間，處理影現狀在團體中尚未呈現的主題 2. 藉由儀式，凝聚向心力，給予成員祝福與支持 3. 促使成員能以較樂觀的態度面對未來 4. 促使成員認同自己的本我色（born color），從撕、貼的過程中昇華情感	1. 暖身活動：聽故事——印地安人的「本我色」(born color) 2. 主題活動——許願磁場（共同貼畫），每人選擇自己的「本我色」，共同完成一幅圓形貼畫 3. 休息 4. 許願與分享	HCSR	K/S C/Sy Cr.

| 十 83/8/23 | 珍重再見：離別紀念冊 | 色卡紙、圖畫紙、彩色筆、金、銀麥克筆 | 1. 處理離別情緒、展望未來
2. 體會施與受的經驗
3. 統整在團體中的學習，並予以明確的回饋
4. 以「慶祝」的儀式（吃蛋糕、摸彩）來處理團體的結束
5. 珍重與祝福 | 1. 主題活動：製作「離別紀念冊」
2. 離別派對——珍重再見 | LCSR | P/A C/Sy Cr. |

註：ETC 為表現性治療層次架構（Expressive Therapies Continuum）之縮寫，MDV 為媒材層次架構（Media Dimension Variables）之縮寫，詳見第二章第一節之五。

第二節　藝術治療團體介入對破碎家庭兒童之影響

　　本節理當呈現研究對象在各研究變項上的前後測結果，但由於本研究團體中有四位成員，其「小學人格測驗」及「兒童自我態度問卷」之後測明顯地不具信度，故此二測驗因人數過少而無法進行統計分析。本節謹就研究對象之「房子—樹—人測驗」（H-T-P）的前、後測結果加以描述探討。

　　研究者對團體成員之 H-T-P 測驗結果之詮釋，乃依據 Ogden（1986）的投射測驗指導手冊，並參考詮釋兒童繪畫的相關理論（陸雅青，民 82）。Jung 認為不了解畫圖者的身份背景便對他的繪畫作品加以詮釋是不恰當的（Politsky, 1995），因此，在詮釋 H-T-P 的前、後測結果時，研究者亦參考了成員的測驗後問答資料，當然，研究者對成員背景的了解，亦影響了對測驗結果的評估。關於此團體成員前、後次 H-T-P 測驗後之問話及回答內容請見表 4-2-2。在本節，研究者將依序陳述每位成員的 H-T-P 前、後測結果，其原圖之縮圖（1/2）亦將依序列出，前測圖在紙的上方或左方，後測圖則置於紙的下方或右方。此外，為明瞭研究者對每位成員之 H-T-P 測驗評量的客觀性如何，特別另請三位熟悉此投射畫測驗，具臨床或實務工作十年以上經驗的心理專家（甲、研究所畢，

美國心理輔導員執照，11 年實務經驗；乙、研究所畢，美國藝術治療師執照，10 年實務經驗；丙、大學畢，臨床心理師，12 年實務經驗），針對研究者對於每位成員之 H-T-P 測驗結果的描述，予以非常不同意—非常同意五分量表式的評定（附錄五）。此評分者間的信度為 .70（Hoyt 變異數分析法）。評分者對於研究者對每位成員 H-T-P 測驗結果詮釋之同意程度如表 4-2-1。

表 4-2-1　三位評分者與研究者對每位成員 H-T-P 測驗結果詮釋之同意程度

評分者 K＝4＼被評者 N＝8	M_1	M_2	M_3	M_4	M_5	M_6	M_7	M_8
評 分 者 甲	4	2	4	4	4	5	5	5
評 分 者 乙	5	4	4	5	5	4	5	4
評 分 者 丙	5	4	5	5	5	5	4	5
研究者本人	5	5	5	5	5	5	5	5
平　均　數	4.75	3.75	4.5	4.75	4.75	4.75	4.75	4.75

註：非常不同意—非常同意，予以 1－5 的記分，請參考附錄五。

・成員一

　　前測：由三張圖畫中的線條品質、主題描繪之大小，及空間位置來看，受測者對自我的態度頗為肯定。人物畫的肩部及上半身、樹畫的上半部分（樹葉叢及分枝）及房子畫的屋頂部分之處理手法，顯示受試者有對幻想（環境）加以控制的強烈需求或否定現實、焦慮的心理狀態。樹畫中的側寫人物及其行為和房子畫中門上被強調的手把及窗子，可能象徵受試者已覺察到其所追求者（在此可能指希望父母復合的意念）為難以捕捉、接觸或實現的夢想。

　　後測：由三張圖畫之綜合表現及問答結果推論受測者有否定現實（樹前之人物）、積極幻想（房子之屋主、樹叢、卡通人物）和行動化（人物及房子造型）的傾向。受測者可能意識到其幻想成真的困難（窗子造型），並對其幻想行為產生焦慮（樹鬚、樹幹之線條）。

　　前測與後測三圖最大的差異，在於前者之強烈的控制需求（或消極的攻擊傾向，passive aggressiveness），已轉為外顯的行動化傾向，可視為一種情緒退化的現象。請見圖 4-2-1，成員一之 H-T-P 前測與後測圖畫。

M1-1a

真的房子
10歲
住有爸媽我姑
××街

前測・房子

模型座 M1-1b
10歲
住有爸媽.大表哥.二表哥
大舅媽.大舅.二舅媽.小舅舅
三舅.小阿姨.我.姑.
奶.爷.外公外婆.我
和大表哥.二表哥睡在右下房.

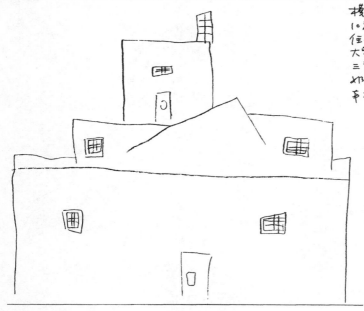

後測・房子

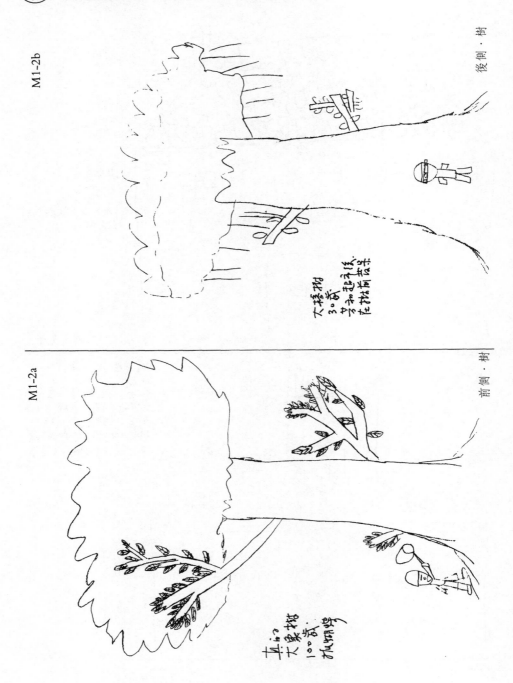

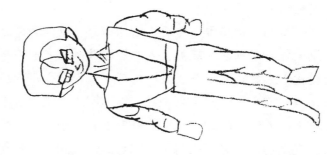

M1-3b

M1-3a

前側・人

後側・人

• 成員二

前測：由測驗後的問答及三張投射畫中的線條品質及主題的空間位置得知成員之現實感及對環境的適應力頗佳。人物畫中的小手小腳、樹畫中封閉式的樹叢，及房子畫中對窗子的處理手法，暗示受測者有依賴、不安全的心理特質。人物畫中的衣服畫法（強調領帶及腰線）則暗示受測者對於「性」的在意和好奇，塗黑的頭髮以及樹畫中根部的處理方式則或許反映受測者在做測驗時的焦慮狀態。

後測：由三張畫的主題呈現（佈局、線條品質）及測驗後之問答，推論受試者有衝動（線條表現）、焦慮（人物臉孔及房頂之圓圈、房子畫之添加物）、行動化（人物之大手及樹畫中的刺）及自我否定或沈溺於幻想（麻臉、屋頂造型）的心理傾向。人物衣著以透明的方式呈現兩性之性特徵，暗示著受試者對「性」的關心，亦或許有暴露、偷窺及攻擊之傾向。樹畫中仙人掌花之處理方法亦可能暗示受試者對性主題有高度興趣。

前、後測之繪畫表現在線條品質上有明顯的差異，後測明顯地較差，即使如此，受試者對於「性」方面問題之關注為兩次測驗中的共同主題。此主題在前測中以較含蓄（壓抑）的方式呈現，而在後測中則是明目張膽地出現。此外，後測中的房子畫則反映受試者不切實際的幻想——與已逝的父親同住（屋頂中有十字架，與「墳墓」有所聯結，類似的主題在第六次的聚會中曾出現）。請見圖 4-2-2，成員二之 H-T-P 前測與後測圖畫。

M2-1a

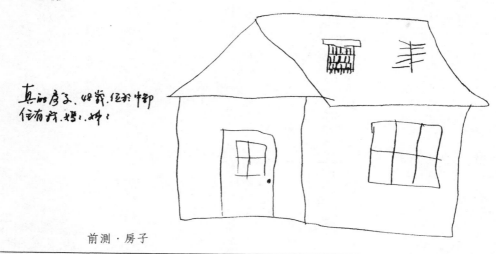

真的房子，好笑，怎都
住有我媽，姊

前測・房子

M2-1b

後測・房子

M2-2a

真的樹

前側・樹

M2-2b

後側・樹

M2-3a

所惠
寫字、唸書、上學
游泳、打羽毛球
8歲
弟弟
真的

M2-3b

一歲 東京的人
小叉叉子
喜歡打籃球
不喜歡看書

・成員三

前測：三張繪畫的線條筆觸顯示受試者不安、不確定的心理特質，而由主題的空間位置、大小誇張的人物肩部及樹的種類和造型，可推論出其對自我的期許頗高。人物畫中頸部、前胸及雙手，房子畫中的屋簷和門把，及樹畫中葉子的處理方式則可能暗示受試者有壓抑衝動、高防禦性、仇視、或攻擊的心理傾向。房子畫中門及屋簷的處理方式亦或許象徵著其「懷疑」的心理特質。房子畫測驗後的問題「屋主爲那些人？」其回答符合當時此成員在學校對同學所說的「謊言」──家有五人：父母、兄姊和自己，生活幸福美滿（現實生活中，家裡只有母女二人）。此說謊的行爲特質，亦可與其房子畫中窗戶的矯飾情形相呼應（窗子爲人際溝通之象徵）。

後測：三張鉛筆畫的線條筆觸反映受測者當時情緒較爲衝動、焦躁，作畫態度較隨意、不拘謹，或較爲「退化」。測驗後的回答顯示受測者欲逃避現實、退化的心理傾向（如八歲的「小樹」、四歲的鄰居小妹，和住有九人的外婆家），這種特質亦可由房子畫中特別強調垂直方向的牆面，極少的窗子數目及人物畫的站姿看出端倪。受測者內心感受到不安，對周遭環境特別敏銳，甚至持懷疑、敵視，或是抗拒的心態（基底線上的房子，特別強調的門把、屋簷，不連貫的樹枝，人物的眼睛及頭髮造型），受測者同時也有與自己的負面衝動掙扎、極欲控制它們的潛在慾念（寬廣但線條不確定的肩膀、虛線組合的脖子及腰部）。受測者是位愛美、重視自己外表的小女生（眉毛、眼睛的描繪甚爲仔細），但缺乏自我統整的能力（無葉樹）。

前、後測最大的差別在於受測者的防禦性開始瓦解、退化，開始表現自己真實的情感（房子畫中的窗子不再有窗簾）。請見圖4-2-3，成員三之 H-T-P 前測與後測圖畫。

M3-1a

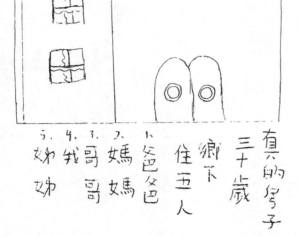

真的兒子
三十歲
鄉下
住五人
5. 姊姊
4. 我
3. 哥哥
2. 媽媽
1. 爸爸

前測・房子

M3-1b

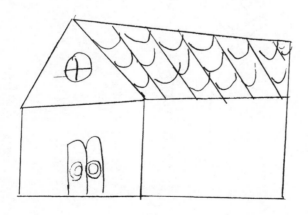

後測・房子

M3-2a

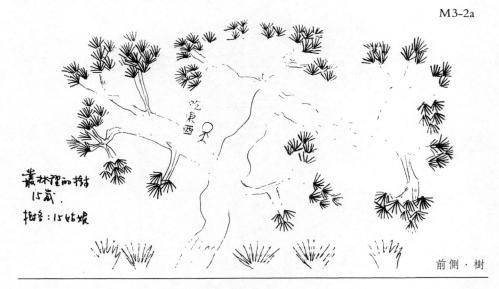

叢林裡的樹
15歲.
抱告：15姑娘

前側・樹

M3-2b

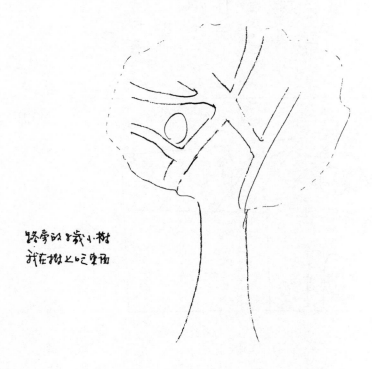

路旁的8歲小樹
我在樹上吃東西

後側・樹

M3-3b

14歲的好的XX

喜欢小孩

後側・人

M3-3a

姐妹的9歲學生
喜欢漂亮的衣服
访客好牛肉

前側・人

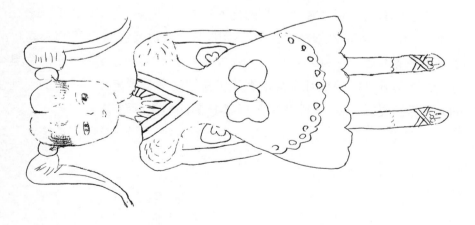

• 成員四

前測：成員之 H-T-P 前測反映其攻擊傾向（人物、髮型、立姿及誇張的腿關節，大房子及樹的畫法）、易衝動的特質（樹身由斷線所構成）、退縮、沮喪、逃避現實的心態（省略鼻子、窗戶，房子靠底部的紙邊畫，並希望能在森林裡獨居）。受試者或有自卑感（人物之肩膀窄小），不滿意現狀（房子畫中強調垂直的面牆），也容易為外在的壓力所傷害（房子畫中水平面牆的強調）。人物的腿部被特別強調，暗示受試者雖然人格較為被動，但有行動化的幻想，此與其母於初次晤談時告知研究者，受試者曾出奇不遇地有割破鄰家紗窗的行為十分符合。

後測：受試者人物畫中挑高的眉毛、赤足、腿部極重的線條筆觸、人物的站姿，沒有窗戶的房子及樹的畫法，反映其攻擊行動化、仇視的傾向，逃避現實（雲似的樹冠及沒有鼻子的人物），及自我否定（住在垃圾場的 10 歲男孩）的心態。雙手向兩旁伸張的人物，或許象徵其向外在環境尋求關愛、幫助或人際接觸的心理狀況。受試者似乎很容易衝動（沒有脖子的人物），也容易受到傷害（房子畫中強調水平面牆）。

大體而言，受試者以極短的時間完成後測，在物形的組合上，由前測的尖銳、三角狀的造型轉為圓弧的造型組合。兩次測驗均反映受試者逃避、仇視現實的心態及攻擊、行動化的傾向。值得一提者，為受試者在房子畫測驗後的問答敘述裡，由前測中壓抑、否定及逃避自己的家庭狀況（獨居於森林裡），轉為退化（人物較實齡小）、不切實際的幻想（與父母和兄長同住），勇敢且真實地表達出其期望父母能復合，一家四口同住的心理。請見圖 4-2-4，成員四之 H-T-P 前測與後測圖畫。

M4-1a

假的
19念、
森林裡
1個人

前測・房子

M4-1b

可
4人住
我爸媽哥

後測・房子

M4-2a

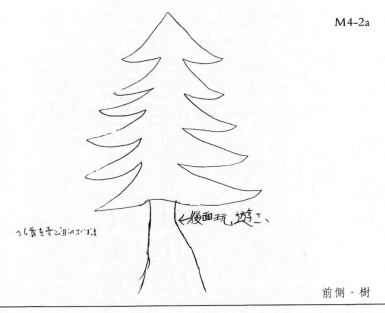

前側・樹

M4-2b

90
快樂樹
沒（摸倒心份）

後側・樹

M4-3a

想像的16歲沒有事做的孩子
喜歡唱歌．打球．打電動
討厭鳥叫聲

前側・人

M4-3b

10~

沒 (想像的)

住垃圾場

後側・人

● 成員五

前測：在前測的三張投射畫中，「對稱」似乎是受試者作畫時努力的重點。此種極度缺乏安全感、強迫性（obssesive-complusive）地對自己的衝動加以控制的需求，亦同時可由其用「尺」去經營房子畫的舉止，畫面中所出現的反覆性造型（如組合成馬尾巴、鈕釦的小圈圈及類似「心」形的裝飾圖案），被特別強調的人物脖子及軀幹，以下方的紙邊為基底的房子……等表現中看出端倪。其中主要人物上身的「×」符號、下身及高跟鞋的特殊造型，或許暗示受試者對於自己身體有特殊、超齡的經驗或對性方面的控制需求及衝突。人物畫中隨手添加的雲彩，或是焦慮狀態的表徵，而右上角的太陽或許代表著與權威人士的情感衝突（受試者為身體受虐兒，施暴者為其父親與奶奶）或依賴的需求。人物的方形肩膀和房子尖銳的屋頂則暗示其攻擊、仇視，或強烈的防禦傾向，而誇張的舞鞋則反映其十足的「女性」特質。在受試者的房子畫中，以透明的方式來強調正在冒煙的煙囪，此點或許印證其「暴露」的行為傾向（團體結束後其監護人告知此成員曾掀裙子挑逗鄰近營區的阿兵哥）。受試者的心門深鎖，旁人難以窺其內心世界，就如同其房子中緊閉的門窗。蘋果樹象徵其依賴、渴望關懷的心理，而樹身上的半環狀樹疤則或許象徵其生命歷程中的創傷。

後測：作畫速度極快，線條較為流暢，不拘小節（如線與線間的連接點不甚準確），但仍呈現重要細節（如人物的手指頭）。人物裙子部分的蝴蝶結裝飾，為第四次活動中「描身畫」經驗的延續。受試者頗為用心地描繪此蝴蝶結，由其所在的位置，揣測成員對人體的下軀幹有特殊情感，尤其是焦慮的情緒反應。事實上，「焦慮」為三張後測投射畫所呈現的共同現象──反覆的線條（樹冠上的波浪形亂線）、形狀（快筆畫成的樹葉、及樹疤，人體身上的兩個鈕釦）。此成員對於愛、關懷、依賴的需求可由寬大的樹基看出端倪。繽紛的落葉反映成員面對團體的結束，有失落、焦慮和沮喪的情緒反應。以透視法（三度空間）所表現的房子，雖未能成功地描繪第二面牆，但無論從筆法、表現形式，和所隱射的心理內容

來看，受試者在 H-T-P 的前後測上有極為不同的表現。前測中的壓抑、拘謹，已轉為後測中的自由表現。創傷事件雖依然存在（樹疤），但其所造成的傷害卻已逐漸淡化（此由人物及房子畫的前、後測比較甚為明顯）。受試者已能從「固著」於過去經驗，轉為關心即將面臨的事件（團體結束）。事實上，此成員的肢體動作在團體結束時，已較團體開始之初的僵硬明顯地開放、自由了許多。成員五之 H-T-P 前測與後測圖畫請見圖 4-2-5。

M5-1b

後測・房子

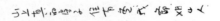

M5-1a

前測・房子

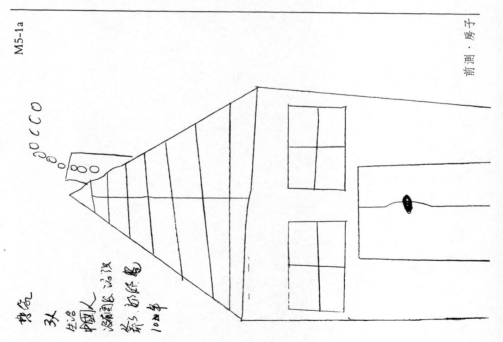

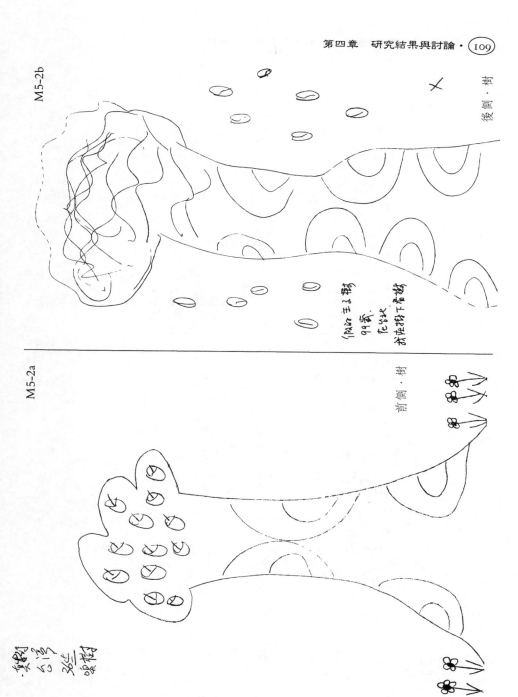

M5-3b

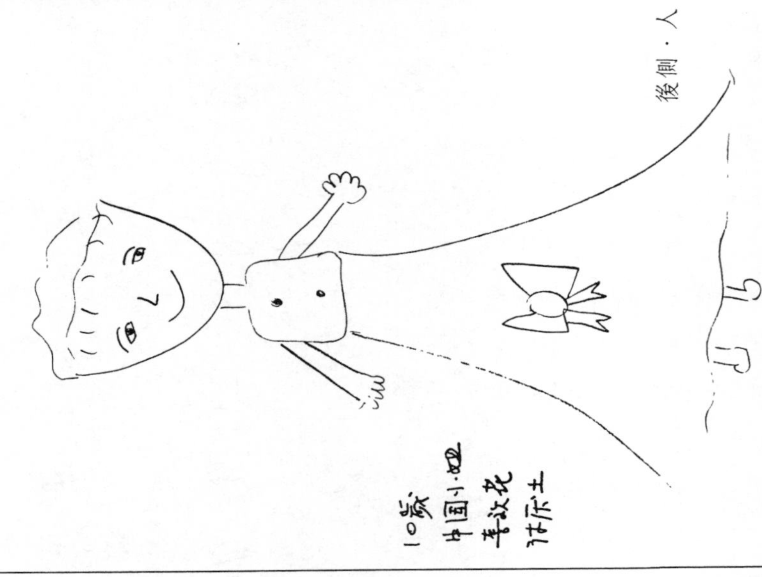

後側・人

一〇歲
中國小·四
李次死
許示土

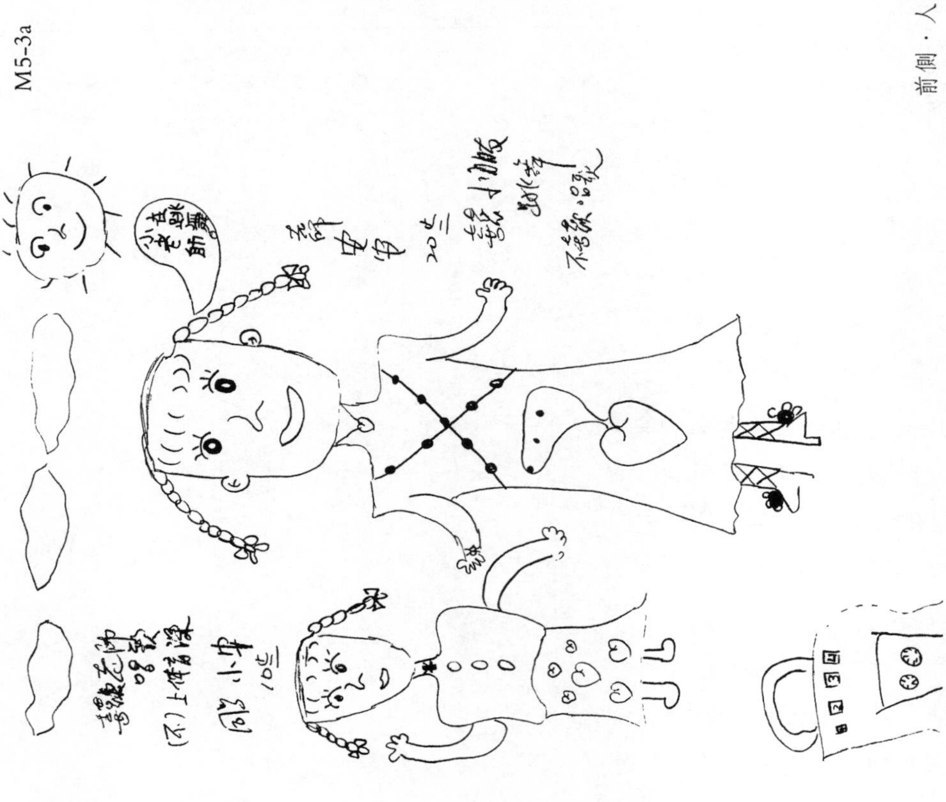

M5-3a

前側・人

• 成員六

前測：受試者之三張投射畫運筆流暢，但下筆之輕重偶有不一致之處（如房子畫中的煙囪及樹畫中的人物力道較輕），顯示其當時精力程度不一或其心情易變、缺乏安全感（亦可由其房子以紙邊為基線及強調根部的樹畫中看出端倪）的人格特質。「依賴」的需求為主要的投射主題之一——蘋果樹及雙手拿著蘋果的人物，人物的眼睛、鼻子，省略雙腳的腿部和巨大的樹幹，則暗示受試者的攻擊性和行動化傾向。受試者雖能意識到自己的衝動，但卻缺乏控制它們的能力（人物的長頸子、房子的「格子」化屋頂），此種對自我衝動的控制需求亦讓受試者感受到焦慮的精神狀態（強調樹紋）。在人際關係的處理上，受試者是容易與人親近的，此點可由房子畫中適當的窗子數目和大小看出。

後測：三張後測的投射畫均以疾筆完成，使原本便嫌簡陋的造型，因時間的關係而更顯得草率。線條筆觸顯現受試者當時的衝動；傾斜的人物或反映其焦慮不安的精神狀態，其易衝動性（人物之長頸及手指數目不一的雙手）、攻擊性或行動化的傾向（眼、鼻、足之造型），或也暗示其學業成就低落的事實。受試者之不安全感則表現在其樹畫中以紙邊為基線的根部。

受試者之實齡為九歲六個月，但由其繪畫表現（缺乏細節、平面化的房子……）判斷，其心齡約為七歲。由「畫人測驗」（Draw-a-Person Test）的標準評估，其智力約在 70～90 之間，在人口結構常態分配下，屬於智力魯鈍者。由於智力的限制，受試者的投射測驗反映其心智較不成熟的特質，亦有如幼童（七歲以下）般的依賴性、較易衝動和以自我為本位（兩張樹畫的枝幹均由外向內發展）的人格特質。整體而言，H-T-P 反映受試者為亟需他人關懷、孩子氣重的小男孩。測驗後的問答顯示受試者樣式化（schematic）的價值觀，如同其繪畫發展所處的階段（樣式化時期，schematic stage）一般。值得一提者，人物畫中前測的人物與後測的人物，雖都有變魔術的本領（為「否定」現實的防禦機轉之應用），後

測之人物的年齡卻較受試者實齡為小。綜合其他後測之造型及筆觸,可知受試者於後測時處於一種心理「退化」的狀態。再則,前測三張畫中所出現的雲彩和太陽,或為此繪畫發展階段的「標準化」的風格之一,但亦可能暗示受試者當時的「焦慮」情緒或和權威人士的微妙關係。此權威人士,從問答中得知可能為「上帝」(受試者來自一基督教會的育幼院,有強烈的宗教信仰)。後測中,雲彩與太陽不再出現,受試者的心靈有如脫了韁的野馬,奔馳於自由的想像空間裡(後測的房子裡住有其一家四口,而在現實生活中其父已去世多年)。成員六之 H-T-P 前測與後測圖畫請見圖 4-2-6。

M6-1a

住有六個壞人的房子
19歲（喜歡打架‧搶）

前測・房子

M6-1b

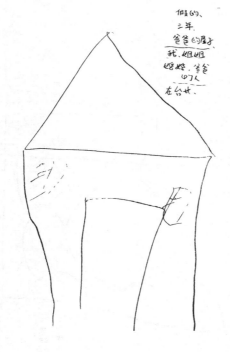

假的、
三年
爸爸的屋子
我、姐姐
媽媽、爸爸
四人
在台北

後測・房子

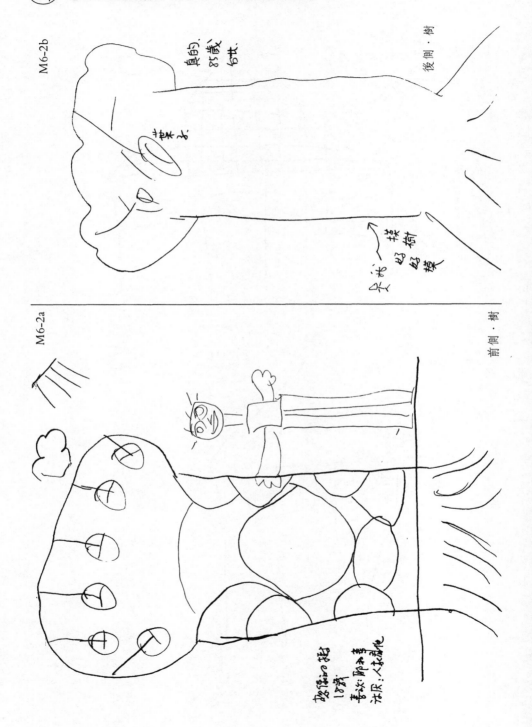

• 成員七

前測：受試者在前測過程中，有多次的擦拭及修正行為（尤其在畫人測驗時），顯示出其作畫時的焦慮狀態。人物畫的耳部、軀幹和下肢（胯部線條未連接）為敏感部位，連同頭髮、鼻子的處理方式，暗示受試者對於「性」方面的關心或對同性戀行為的心理衝突。被強調的鼻孔、眼睛和樹畫中末端肥大的樹枝反映當事人的攻擊性傾向；被強調的皮帶環釦和寬大的樹基或許象徵著受試者的依賴需求，而房子畫中，草率畫下的春聯和帶有角度的煙囪則可能反映當事人的閹割焦慮。人物畫中的人物位置偏高，顯現出當事人當時的精力程度不高（low energylevel）及過度補償性的防禦應用，而樹畫中的人物位置及類似「垂柳」的樹則反映當事人的沮喪情緒。值得一提者，人物畫中的側寫人物（14歲），其拿「鑰鎖開門」的行為描寫或與當事人的「同性戀」經驗有關。此團員曾有多次逃家、逃學的記錄，為期最長的一次為九個月，當事人被發現與另一位同院的男童（13歲）同居於一廢棄的貨櫃中。側面的人物或許暗示當事人逃避、不願與人溝通的心態，或適應不良、退縮、對立的傾向（如，描寫「鬼屋」）。

後測：後測的三張投射畫在極短的時間內完成，受試者的注意力持續度依序遞減，而焦慮程度依序遞增（人—樹—房子），整個測試的過程反映其心理退化（如，以小點代表人物的眼睛）、衝動（人物沒有脖子、房子畫的線條品質奇差）的現象。當事人對「性」方面的關注和衝突，仍可由人物的特殊髮型、耳朵和皮帶看出端倪。雙手向外伸張的人物，或許象徵當事人與人和環境接觸的慾望，也或許代表著他向外尋求幫助和關懷的心態。當然，由人物畫中的動態表現，不難讓人體會出當事人或許正抗拒著外來的壓力（兩旁的直線，但受試者自述此人物站在「大樹幹」前面），努力求生。如同前測般，被強調的皮帶環釦及寬大的樹基，仍可能象徵著當事人的依賴需求，而樹的造型及樹畫中的人物位置則可能反映當事人當時的情緒低潮。誇張的樹紋顯現受試者當時極度焦慮的精神狀態，

後測中的房子畫描寫的是該院行政單位所在的大樓。大樓上層最靠左邊的一室，住有一位叔叔（團體助理）、四位阿姨（院內保育人員）、五位小朋友（包括自己、成員八及另三位同室院童）及一位修女。此畫以俯看的視點完成，或許意味著當事人欲超越情境（育幼院）的羈絆的一種無奈、沮喪的狀況，也可能是一種被原生家庭拒絕而後所產生的補償作用。

　　綜觀成員七前後測的六張投射畫，我們發現其對「性」方面的關注和焦慮為主要的投射主題。然而在前測中所透露的逃避人群的訊息卻已由嚮往親情和關懷所取代（前、後測的人物表現）。當事人「冥頑不靈」的外表下，其實是顆極易碎弱的心，此或許是長久以來為保護其幼小心靈所逐漸形成的防禦武裝。後測的投射畫反映其在團體介入之後，心理解構（武裝瓦解）而後欲重建的歷程。此團員為少數幾位很認真地完成團體前後測驗（包括小學人格測驗、兒童自我態度問卷及 H-T-P）的小朋友之一，也因此在本章的最後一節，隨機取樣的結果，將以此成員為例，探討他在團體歷程中的表現。成員七之 H-T-P 前測與後測圖畫請見圖 4-2-7。

M7-1a

想像的房子
在台北.
沒有人.有鬼

前測·房子

M7-1b

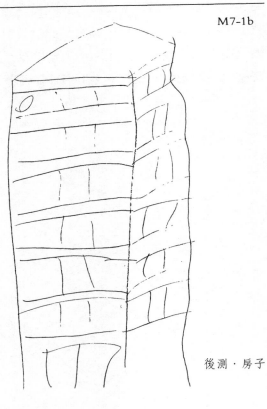

真的房子.
10歲.
在台北
住有10人:
1個叔叔——李x×（國際助理）
4個阿姨——陸x和美...阿姨
5個小朋友~...
1個修女

後測·房子

M7-2b

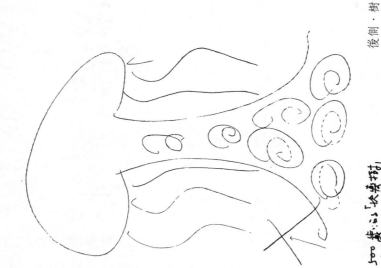

後側・樹

5の歲・い「快樂輪」
在我裡
對正此景得

M7-2a

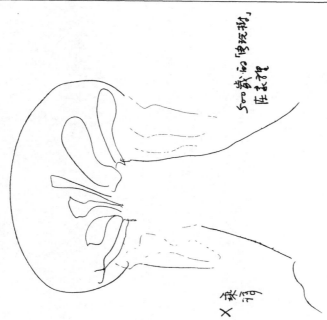

前側・樹

5の歲前「博玩輪」
在我裡

X景得

M7-3b

M7-3a

前側‧人

後側‧人

●成員八

　　前測：成員八在 H-T-P 前測時，下筆疾速、確定，但偶有擦拭的部分（人物下巴，褲子上之英文字母由 NO 轉變爲 OK），房子畫之線條品質較差，線與線之間未有效地接合，顯現受測者當時急躁和焦慮的精神狀態，而擦拭的位置則暗示受測者之攻擊傾向或因自身之行爲常遭人否定而產生的補償心態。人物畫中誇大的頭部、尖銳的髮型、衣服上的星形圖案、強調手指甲的雙手及尖銳的靴子均暗示受測者之攻擊性，而尖銳的鼻子和樹畫中的尖形葉子則反映受測者之行動化傾向。瞇著（閉著？）眼睛的人物，隱約透露出作者敵視、憤怒的心態，此亦爲情緒障礙的重要指標之一。人物誇張的耳朵則暗示受測者對於外界的評語極端敏感。樹畫中突兀的枝幹或象徵受試者不安的感受，無法從其環境中獲得滿足；樹身上的節或象徵著其生命歷程中的創傷。房子畫的描繪顯現受試者對「家」的渴望、幻想（屋頂的表現法）與期待（添了後門）。兩個潦草畫下的窗戶或許暗示受試者對與其母關係之關注。房子畫暗示受測者與其母之複雜情感，其測驗後之回答亦聲稱與其母共居於此屋中，房子畫的表現卻顯現其對此一期待的焦慮與不安。

　　後測：後測中的人物畫甚小，或爲其本人低自尊、自卑、不安、不滿現狀的寫照。短小的人物及房子畫的整體表現亦反映受試者之焦慮狀態及控制衝動之需要及困難。矮小的人物及下垂的樹鬚同時亦反映受試者之沮喪傾向。寬大的樹基和「蘋果樹」的主題則暗示受試者之依賴需求。如同前測般，受試者之攻擊性、行動化傾向及對環境的敵意，可由人物之五官及衣飾造型看出端倪。人物向外伸展的雙臂好像暗示受試者與環境接觸的渴望或尋求關懷和幫助的心態。前測中樹身上的疤節及樹鬚在後測時依舊存在，且畫得更草率，顯現其沮喪、退化的精神狀態。受試者在其後測的房子畫中，積極地投射其對「家」的幻想。三個同處於一界限曖昧的牆上之窗戶，或許象徵其自己、母親、與生父（受試者爲「父不詳」之兒童）三人，門上被強調的手把或許表示受試者對此一幻想之疑慮與不安。如同

那線條品質極差的屋頂，此由單牆所構成的屋子及測驗後的回答（受試者獨居於此屋），均顯示受試者當時焦慮和退化的精神狀態。

　　整體而言，受試者在前測部分除了表現出其率性、外向、具攻擊性的人格特質（由自卑心態所產生的反向作用）外，仍維持相當程度的現實感。反之，其後測反映出更退化、焦慮、沮喪的精神狀態，與大多數成員的表現相似。成員八之 H-T-P 前測與後測圖畫請見圖 4-2-8。

M8-1a

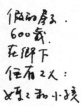

假的房子.
600歲.
在鄉下
住有2人：
媽媽和小孩

前測・房子

M8-1b

假的房子
1000歲.
在鄉下
住有1个人(我)

後測・房子

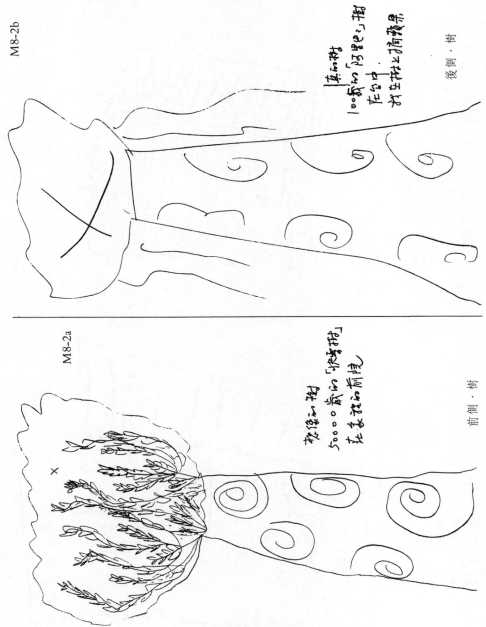

M8-2b

後側・樹

M8-2a

前側・樹

M8-3b

後側·人

M8-3a

前側·人

　　研究者綜合團體成員在 H-T-P 測驗中之整體表現，作如下的整理：

　　H-T-P 測驗提供本團體成員相當安全的自由空間去投射、想像，甚至於退化。測驗後的問話尤其可評估孩子當時的現實感如何。許多問題，如與年齡或大小有關者，可緩衝及反映受試者的焦慮，讓他在毫無界限的情況下，偏離現實，安全地「退化」。此一現象可由幾位成員在 H-T-P 前、後測中描繪比自己實際年齡小許多的人物，或「萬」年老樹得到印證。諸如此類的問題，允許受試者在繪畫技巧有限的情況下，以「口語化」、「積極幻想」的方式，來滿足其「退化」的需求。連同一些有利於投射受試者個人特質或個別經驗的問題，如「房子裡住有那些人，他們是什麼關係？」、「這個人喜歡什麼？討厭什麼？」……等，H-T-P 測驗引導受試者以「遊戲」、「不必負責」的心態去「創造」、「編織」一個個似是而非的假想世界，也提供有經驗的治療師能從中洞察受試者的內心世界，評估其自我能力（ego strengths）、精力程度（energy level）和現實感（reality sense），以掌握團體治療中個別成員的能力和需求。

　　研究者在 H-T-P 的前測中了解本團體成員在「家庭破碎」創傷經驗後所處的時期（請參閱第二章第二節）。這些未被明確地告知本團體治療目的的兒童，在其房子畫中，投射了自己對「家」的概念或期待。八位成員中，有反映現狀（M_1、M_2、M_6）、逃避或否定現狀（M_4、M_7）、積極期待（M_5、M_8）和反映其不符合實際情形的現狀者（M_3 在校聲稱自己家庭美滿，與父母兄弟同住，其中兄、弟為虛構人物）。房子畫中成員所反映的現實感卻不見得與其在「兒童自我態度問卷」及「小學人格測驗」的前測結果有絕對的關係（請參考表 4-2-3 及 4-2-4）。H-T-P 測驗所呈現的是當事人的個別經驗、個人特質、與環境的互動模式，尤其是當事人對特殊事件（常反映出來的是未完成的事（unfinished business）或某創傷經驗）的心理寫照。反之，若純粹以「兒童自我態度問卷」及「小學人格測驗」的前測的總結果來看，只有三位成員（M_6、M_7、M_8）之成績低於一個標準差，明顯地需要治療介入。若再詳細地探究此二測驗的分項結果，可再增加兩位在個人適應與社會適應總分上差距極大的成員（M_3、M_5）。

亦即，若以此二測驗為主要的成員篩選工具（再加上面談評估），則
M_1、M_2 和 M_4 極可能未達到本團體的治療介入標準，雖然從 H-T-P 的前
測中，這些成員業已透露不尋常的訊息。從破碎家庭兒童的相關文獻探討
中，我們得知家庭破碎對每位兒童的影響及每位兒童所需的調適時期有極
大的差異性。再則，直至目前為止，即使是精神科醫師，依 DSM—Ⅳ
（Diagnostic and Statistical Manual of Mental Disorder, Fouth Edi-
tion, Washington, DC, American Psychiatric Association, 1994）之多
向度評估（Multiaxial Assessment）系統來診斷及評估病人之病情與病
況發展時，仍不免主觀價值因素的介入。因此，本團體成員之前測結果，
尤其是 H-T-P 的整體表現為研究者以團體領導者／藝術治療師之角色來
篩選及評估兒童狀況的主要依據，「兒童自我態度問卷」及「小學人格測
驗」則謹供參考之用。

表 4-2-2　本藝術治療團體成員前後測 H-T-P 測驗之問題回答內容

測驗 / 問題 / 成員別 前後測回答		M₁		M₂	
		前 測	後 測	前 測	後 測
房子（H）	1. 這個房子是真實的或想像的？	真的	真的模型屋	真的	想像的
	2. 屋子的年齡？	10 歲	10 歲	48 歲	50 歲
	3. 位於那裡？	××街（其父之住址）	工地（父親上班的地方）	台中	台中
	4. 住有那些人，他們是什麼關係？	爸爸、奶奶、叔叔、我、姑姑	爸、媽、大表哥、二表哥、大舅媽、大舅、二舅、二舅媽、小表弟、三舅、小阿姨、叔叔、姑姑、奶奶、公公、外公、外婆、我（與二表哥同房）	我、媽媽、姊姊 3 人	爸、媽、姊、弟（自己）
樹（T）	1. 這顆樹是真實的或是想像的？	真的，大象樹	真的，大榕樹	真的，龍柏	假的
	2. 樹的年齡？	100 歲	30 歲	57 歲	
	3. 位於那裡？		××超市後	我家附近	垃圾山
	4. 若是你也在，你會在樹的那裡？做什麼？	在樹的左下邊抓蝴蝶	在樹前發呆	在樹下方看書	在樹右上方看故事書（漫畫）
人（P）	1. 這個人是真實的或是想像的？他的名字或綽號叫什麼？	真的（同學）張××	真的（表哥）	真的，弟弟（自己）	想像的，東京的人，沒房子
	2. 年紀多大？	10 歲	10 歲	8 歲	1 歲
	3. 職業是什麼？	學生	學生	學生	（流浪漢？）
	4. 喜歡什麼？（人、事、物）	卡通、麵筋、騎腳踏車、打電動、體育（踢鍵子）、打躲避球、游泳	卡通（七龍珠）、可口可樂、漢堡、看電視、數學、體育和小舅去載菜脯	游泳、打羽毛球	打球
	5. 討厭什麼？（人、事、物）	無	和大舅做工	寫字、唸書、上學	看書

測驗　問題　回答	M₃ 前測	M₃ 後測	M₄ 前測	M₄ 後測	M₅ 前測	M₅ 後測
房子（H） 1.這個房子是真實的或想像的?	真的	真的	假的	假的	想像的	真的
2.屋子的年齡?	30歲	40歲	19歲	91歲	100歲	60歲
3.位於那裡? 4.住有那些人,他們是什麼關係?	鄉下 爸爸、媽媽、哥哥、我、姊姊	外婆、舅舅、表弟、表妹、表姊、舅媽、阿姨、姨丈、我	森林裡 1個人（自己）	我、爸、媽、哥 4人	中國人,沒有關係,認識,爺爺、奶奶、爸爸	山上 爸爸、我、爺爺、奶奶 4人
樹（T） 1.這顆樹是真實的或是想像的?	真的,姑娘樹	真的,小樹	想像的松樹	想像的快樂樹	真的,嗅樹	假的（王子樹）
2.樹的年齡?	15歲	8歲	50歲	90歲	36歲	99歲
3.位於那裡?	叢林裡	馬路上	雲上面		台灣	台北
4.若是你也在,你會在樹的那裡?做什麼?	在樹的中央幹上吃東西	在樹上（右邊）吃東西	樹後面玩遊戲			在樹右下方看樹
人（P） 1.這個人是真實的或是想像的?他的名字或綽號叫什麼?	想像的	真的,徐××	想像的	想像的	真的（二人）	真的
2.年紀多大?	9歲	14歲	16歲	10歲	20歲,10歲	10歲
3.職業是什麼?	學生	學生	沒有事做	沒有事做	老師,學生	中國小姐
4.喜歡什麼?（人、事、物）	穿漂亮的衣服	小孩	唱歌打球、打電動	住垃圾場	一、小朋友、跳舞 二、老師,唱歌	花
5.討厭什麼?（人、事、物）	吃牛肉		寫數學		一、唱歌 二、上體育課	土

測驗	問題	M6 前測	M6 後測	M7 前測	M7 後測	M8 前測	M8 後測
房子（H）	1. 這個房子是真實的或想像的？	想像的	假的（爸爸的屋子）	想像的	想像的	假的	假的
	2. 屋子的年齡？	19歲	3歲	100歲	100歲	600歲	1000歲
	3. 位於那裡？		台北	台北	台北	鄉下	鄉下
	4. 住有那些人，他們是什麼關係？	六個壞人（愛打架、搶劫）	我、姊姊、媽媽、爸爸4人	沒有人，有鬼	11人，叔叔（團體助理），4個阿姨、5個小朋友、1個修女（院裡人物）	2人，媽媽和小孩（自己）	1個人（我）
樹（T）	1. 這顆樹是真實的或是想像的？	真的	真的	想像的，電玩樹	想像的快樂樹	假的，快樂樹	真的，阿里巴巴之樹
	2. 樹的年齡？	18歲	85歲	500歲	500歲	50000歲	100歲
	3. 位於那裡？		台北	在家裡	在家裡	在前院	台中
	4. 若是你也在，你會在樹的那裡？做什麼？	在樹右方看它	在左下方摸樹	在左下方乘涼	在左下方乘涼	在樹上方（爬樹）	在樹上摘蘋果
人（P）	1. 這個人是真實的或是想像的？他的名字或綽號叫什麼？	想像的	真的	真的	真的	假的	假的
	2. 年紀多大？	11歲	8歲	14歲	14歲	11歲	10歲
	3. 職業是什麼？	魔術師	小學子—亞當	沒有工作		學生	模特兒
	4. 喜歡什麼？（人、事、物）	變魔術和小朋友玩，（耶穌）	變魔術、高興	看電視、吃冰	看書、打電動	打電動、吃毛豆、游泳	打電動
	5. 討厭什麼？（人、事、物）	打架、別人說他壞話		怕黑、怕林×（院內司機）	寫字	被人打、被人罵	洗衣服

表 4-2-3　本藝術治療團體成員在「兒童自我態度問卷」前測中的原始分數

自　我　態　度	M_1	M_2	M_3	M_4	M_5	M_6	M_7	M_8
1. 對自己身體特質的態度	13	11	8	12	12	11	10	12
2. 對自己能力與成就的態度	12	13	12	5	12	11	6	9
3. 對自己人格特質的態度	14	13	11	12	13	11	6	7
4. 對外界的接納態度	12	14	13	13	12	10	9	11
5. 對自己的價值系統與信念	11	12	13	15	13	9	11	11
6. 全量表	62	63	57	57	62	52	42	50

表 4-2-4　本藝術治療團體成員在「小學人格測驗」前測中之百分等級

分　測　驗　或　部　分　分　數		M_1	M_2	M_3	M_4	M_5	M_6	M_7	M_8
1.個人適應	A. 自持	79	99	96	65	79	65	10	33
	B. 個人價值意識	41	97	41	57	41	25	57	41
	C. 個人自由意識	90	90	31	90	80	80	31	47
	D. 相屬意識	82	82	82	82	64	47	47	14
	E. 退縮傾向	99	79	53	89	67	17	67	67
	F. 社會關係	96	99	54	41	84	54	30	69
	個　人　適　應　總　分	90	99	55	85	67	34	23	14
2.社會適應	A. 社會標準	66	47	99	84	47	47	29	66
	B. 社會技能	58	72	72	72	28	17	9	17
	C. 反社會傾向	83	83	83	83	83	65	14	14
	D. 家庭關係	81	99	81	99	63	47	24	47
	E. 學校關係	80	91	80	80	66	24	36	36
	F. 社會關係	67	85	99	67	19	32	19	19
	社　會　適　應　總　分	77	83	90	83	9	20	9	18
總　　適　　應　　分　　數		85	88	76	87	52.5	25	15	22

第三節　團體成員之回饋及訪談結果

　　依據團體成員在團體結束後當天所填寫的「團體結束後成員意見表」（見附錄五），研究者將成員之意見及心得依問題順序歸列如表 4-3-1。

　　綜合表 4-3-1 之填答摘要，研究者以為：

　　1. 本團體成員之文字表達能力十分有限，多數成員以十分有限的語彙來作答，少數幾位（M_5、M_6、M_7）辭不達意，且錯別字多。雖然所有成員之口語應對能力均較書寫時為佳，但對許多抽象的名詞（如情緒）仍難以理解。此或許說明了對兒童作團體心理輔導或治療時，光靠語言的介入往往只具事倍功半效果的原因之一。大多數的兒童必須從操作中去體會，或經由非語言的表達／溝通形式，而達到認知和行為上的改變。

　　2. 本團體的成員對於後來幾次的活動印象較為深刻，此或許肇因於研究者在成員作答時未能對前幾次的活動作更有效的提醒（所有的活動名稱均已依序提示於白板上），但亦或許是在團體的凝聚力及互動的品質提昇後，對團員本身的影響。由第二及第三題的填答，我們或能推論團體成員的體驗程度與團體的氣氛及凝聚力有密切的關係。

　　3. 本團體成員對活動的印象及喜愛程度，大都以：(1)「享樂」（玩）為最高原則；此外，(2)育幼院院童較一般破碎家庭兒童重視物質性的回饋；而(3)活動時間長、討論時間短的聚會較受歡迎。這幾點發現當可提供兒童團體實務工作者，團體進行時活動設計的參考。

　　此外，研究者本人，於團體結束後四個月（適逢學期結束時）亦對成員之家長或主要照顧人進行電話追蹤訪談。茲將此訪談的內容摘要列於表 4-3-2。此訪談雖以半結構化的方式執行，但受限於現實因素，訪談的時間及內容的深入程度不一。大體而言，有六位家長肯定藝術治療團體介入的功能和持續效果。研究者於電話訪談時，針對成員在團體介入前、後，在校及在家的適應情形，成員個人的成長及對藝術活動的態度提出詢問（請參考本書第三章的研究工具部分，p. 68～77）。

表 4-3-1　「團體結束後意見表」填答摘要（83.8.23）

問題敘述	填答摘要
1. 參加過團體後，現在你最想告訴團體老師的話是什麼？	M_1：謝謝教我畫畫。 M_2：我要謝謝每位老師的教育（可能包括領導者、助理、觀察員及行政人員）。 M_3：參加這個團體我以爲會學到畫畫的技巧，但我沒有，這個課好像在上心理測驗，但並不表示就不好。 M_4：謝謝每一位老師都幫我們做很多事。 M_5：謝謝老師我們團體（？） M_6：陸老師你好，我是××，我覺得很好，吹冷氣，有吃的，謝謝老師。 M_7：很好班（玩？）。 M_8：沒有（字跡極度退化）。
2. 在此十次的藝術活動課程中，令你印象最深刻的是那一次，爲什麼？（白板上提示十次活動的名稱和內容）	M_1：第九次許願磁場，可能讓願望變成真的。 M_2：第八次，因爲很好玩（青蛙家族）。 M_3：第九次的許願磁場，因爲他有每個人不同的夢想。 M_4：最後一次，因爲只有畫圖和拿禮物和吃東西。 M_5：做黏土（第七次）。 M_6：第七次做黏土，比較好玩。 M_7：許願磁場（第九次），金黃色草紙，因爲很好班（玩）？ M_8：畢業紀念冊（字跡草率）。
3. 在此十次的藝術活動課程中，你最喜歡那一次的課程，爲什麼？	• 第八次（M_1，M_2，M_4，M_7），第一次拿偶演戲（M_1），因爲很有趣（M_2），很好玩又很好笑（M_4），因爲很好班（玩？）（M_7）。 • 第十次，因爲每個人都跟我畫得不一樣（M_3）。 • 第五次（M_5，M_8），做禮物可以包東西（？M_5）。 • 第三次（音感作畫）比較好玩（M_6）。
4. 你最喜歡用下列那種藝術材料來作美勞（彩色筆、廣告顏料、粉彩、黏土、色紙……等）爲什麼？	• 黏土（M_2，M_3，M_8），因爲他可以做出許多人想像的現實的各種形狀（M_3），因爲很好玩（M_2，M_8）。 • 廣告顏料（M_4，M_7），畫得很快（M_4），因爲很貴（M_7）。 • 彩色筆（M_1，M_5），顏色較多（M_1）。 • 粉彩，比較好畫，好玩，很快就畫完（M_6）。

註：成員所填之錯別字已經修正，M_6 之填答爲成員口述監護人代填之資料，（）部分爲研究者之輔助詮釋。

表 4-3-2　電話追蹤訪談結果摘要（83.1.18～1.21）

對　象	時間（分）	內　　　　　容
M_1 之父親	20	成員較參與團體前能自己獨處，不再覺得「無聊」，爺爺、奶奶說他最近比較「懂事」，與家人的關係有明顯的改善。在校表現平常，課業稍有進步，很喜歡上美勞課（成員第一次聚會缺席）。
M_2 之母親	33	成員之行爲表現與參與團體前無重大差異，對任何事都表現地毫不在乎，我行我素，在家每天畫畫（塗鴉）。
M_3 之母親	42	成員在校、在家各方面的表現均有明顯的改善。母親認爲她在個人的成長方面有很大的進步。希望自己快點長大，且會積極地規劃人生。在學校能較坦然地面對其「單親兒童」的身份，不再説謊。期中的一篇作文「我的自述」令其母很感動。其母有訪客時能和善相對。對美勞產生濃厚的興趣，在家會「創作」，且對色彩較爲敏銳。
M_4 之母親	2	成員之行爲表現與參與團體前無重大差異（註：成員之母親爲工廠女作業員，工作時數極長，訪談時其母已就寢）。
M_5 之育幼院秘書	15	成員之奶奶在團體結束後不久過世，成員之在校與在院內的人際關係有明顯的改善。較能認同院裡的大環境。在放學後回院裡的途中，已不再有向人要東西吃的行爲。課業平穩（成員第一、八、九次聚會未到，共三次缺席）。
M_6 之育幼院秘書	10	成員較無暴力行爲，人際關係明顯地改善，課業平常，喜歡上美勞課（成員第八次聚會缺席）。
M_7 之育幼院負責老師	20	成員在校的行爲有改善，十分在意自己的課業跟不上同學（註：以前曾有多次長期逃學曠課的記錄）。老師覺得他現在較懂事較能忍耐，做事較踏實，做錯時肯認錯，待人接物較有禮貌。能體貼，主動關懷他人。對原生家庭較依戀，元旦假期後回院裡的當夜，因想家哭了一夜未眠。成員長期的在××醫院接受精神科醫師之心理治療（團體進行期間停止），團體結束後又回該醫師處，該醫師診斷心智情況大有改善，毋須再接受治療送結案。M_7 對美勞產生濃厚興趣，和 M_8 主動向院內神父學習國畫，日前曾送主持修女自己的一幅國畫。

M₈ 之育幼院負責老師	20	成員在各方面的表現時好時壞，與母親之間的互動有關。對其母是否要將他接回家住存有高度期望。其母在團體結束後曾赴大陸三個月，期間未與成員連絡，成員擔心其母發生意外（死亡），但行為表現尚稱良好，其母一出現，成員假日返家後再回院時，則行為表現退化。大體而言，成員之情緒較不壓抑，懂得表現，如院內的大孩子欺侮他時，會大叫：我好痛，不要打我，往往有遏阻作用。較能信任別人，肢體表現不再那麼僵硬（以前走路像機械人）。在校表現平平，開始學國術。與 M₇ 成為好友，一同向神父學習國畫。

第四節　成員七在團體歷程中的表現

　　本節由成員七在十次聚會活動中的藝術成品及與研究者及其他工作人員之間的互動，來探討兒童藝術治療團體對成員七之影響。本節之研究工具有觀察員之團體記錄、團體活動之錄音、錄影及作品之攝影。研究者基於下列幾點考慮，在五位符合資格的成員中，隨機抽選此一代表成員：

　　• 無缺席或遲到、早退之記錄，全程參與團體。

　　• 前、後測測驗時態度認真，可信度高。

　　本節細分為：㈠成員七在十次活動中的表現；及㈡成員七之前、後測「自我態度問卷」、「小學人格測驗」及 H-T-P 測驗結果比較三部分。前者之撰寫以團體聚會之次別為單位，從成員七在該次聚會中的行為表現（包括口語、行為表現及與老師和其他成員的互動）和藝術創作分析（詳見附錄九，1～7）兩方面來探討。此外，研究者為能客觀地描述成員七在為期一個半月中的行為改變，在「行為表現」一向度中，特別增列「不良行為次數」。此不良行為乃依據團體之記錄與活動錄音來判定，其界定為成員七在活動過程中所出現的某些會妨礙團體進行之行為，且遭團體領導者警告制止者（以三分鐘為一單位，三分鐘內出現多次仍以一次計）。

㈠成員七在十次活動中的表現

＜第一次聚會——自我介紹＞

●行爲表現

在整個聚會過程中，除了創作時刻以外，成員七不時有破壞性的肢體動作，並時而叫囂打岔。在大家圍成圈時，二度被要求坐在領導者身旁，以利團體之進行。在領導者說明、澄清及與成員共同確立團體規則時，時而起鬨：「造反有理，抗議無效」。當領導者請他讀出團體守則的規條時，第一次支吾帶過，第二次則能正確的讀出，並獲得領導者的讚美（領導者有意藉此來了解每位成員的國語文程度）。在本團體建立團體秩序守則之後，成員七在這次聚會中被「警告」二十次。

在「自我介紹」的名片中，成員七所分享的個人資料爲：我最喜歡上的課——體育課；我最喜歡做的活動——打電動玩具；我最喜歡看的電視節目——綜藝節目；我最喜歡吃的東西——鹽酥雞。

本次的活動主題爲「別人眼中的我和自己眼中的我」，每位成員在本活動中均使用彩色筆，四開白圖畫紙來表現此主題。成員七在團體分享時，對自己的作品（見附錄九—1）所作的詮釋是：「別人眼中的我」（左圖）是描寫與他人打架的情景。「自己眼中的我」（右圖）則是描寫到關渡宮遊玩，請朋友（未説明是誰，研究者以爲可能是與他一起逃學的青少年）幫他拍照的一刻。來自同院的成員八認爲成員七很「酷」，喜歡罵髒話（此時成員七則在旁不時地説「Yes」）。當領導者問及與他人打架的原因時，成員七澄清自己是「不得已」才打架，因爲在院裡有大哥哥會打人，不還手就只有挨揍的份。團體中的其他成員所給的回饋則是他「很頑皮」、「很壞」、「皮膚很黑」。

●藝術創作分析（別人眼中的我和自己眼中的我）

研究者對成員七此次作品的詮釋是：

繪畫發展約具心齡十一歲的程度，與實際年齡相符，顯示成員七的智

力中等，認知能力優於其國語文的書寫能力，但學業成就低落。成員七雖大都以「固有色」的概念來著色，但在畫中人物臉色的選用上，卻帶有特殊的象徵意味，顯現其情緒易衝動的一面。圖右描寫旅遊的圖畫中，其本人的兩耳及頭髮造型甚為誇張，連同刻意強調的褲襠皺褶、腰帶和與另一人物的關係（拍照者係以鳥瞰的方式描寫），暗示成員七或有不尋常的性經驗，此與其人—樹—房子測驗的結果一致。此外由「別人眼中的我好惹事生非」的概念來看，成員七的自我概念低落，而其「拍照中」的自我概念，則呈現對自己客觀，甚而冷漠的態度或為因自我概念薄弱而以「拍照」方式來證實、捕捉自己「生存」足跡的一種掙扎心態。

＜第二次聚會──自由貼畫＞

・行為表現

在暖身活動──尋找自己的同類夥伴（三種不同的動物）時，與成員八因不斷地相互追逐、不守規則而被領導者請出團體，於活動室外各自面壁五分鐘。成員七在本次聚會中共被領導者警告過三次。

本次活動領導者要求成員先瀏覽過中心所提供的雜誌，蒐集「有感覺」的圖片或文字（撕或剪下），再將之構圖黏貼於全開大的白色西卡紙上。成員若覺得有需要，亦可以彩色筆繪圖以補圖片之不足。在貼畫背後寫下「我的小祕密」。

成員七很明確、毫不遲疑地剪下所要的圖片，動作迅速，剪得細膩而工整。圖片均稍小張，貼時，先集中於下半部（左→右→中），而後上半部（左→右→中），或斜貼，或正貼，在構圖上頗具創意。他不假思索地處理圖片重疊的部分，最後，以彩色筆在下半部寫上「車子」二字，並加以裝飾，但未在畫背後寫其小祕密（附錄九─2）。

在貼畫過程中，不介意其他成員取走其膠水，也會去剪成員六正在翻閱的雜誌上的圖片，態度從容愜意。成員七似乎很能專注於創作活動，此與其慣有的行為模式極為不同。

在小團體分享時（四位育幼院院童一組），成員七說明其所貼之相機

為所欲擁有之物（與上週的「拍照」有相當的關聯），而因為其爺爺嗜煙，因而香煙也出現在其貼畫中（煙、酒、死亡、分離、與被虐待（挨打）為本組成員所表現出的共通主題，所有成員均有對這些主題作廣泛的討論與分享）。

當成員八洩露成員七不欲為人所知的「小祕密」——偷竊（日前偷了學校輔導老師七仟元）時，成員七激動地咬牙、握拳、顫慄流淚。直至領導者自我揭露類似經驗及其他成員也群起坦露其偷竊的經驗後，成員七才稍稍釋懷，逐漸平靜下來。在此主題的探討上，領導者暗示偷竊行為或有其「不得已」的動機，強調往者已矣，若知過能改則善莫大焉。成員七坦誠自己喝過啤酒但未抽過煙，喜歡相機及手錶，若有錢會拿去買電動玩具和卡匣。

• 藝術創作分析（自由貼畫）

領導者在活動設計時，即預設團員能藉由其「自由聯想」的心理功能，在翻閱雜誌裁取圖片時，反映其「此時此地」（here and now）的心理重點，而在佈局、黏貼後，呈現其心理狀態。去除了對描繪實物的恐懼，成員能以較輕鬆的態度來創作。從活動的動力發展來看，雜誌貼畫的過程是以翻閱、取材入門（並未要求特別高的注意力及認知能力），以撕、剪、割為手段（成員的肢體動作在此階段達到「巔峰」，而現實感在此階段則為最低），而以構圖、黏貼圖片來結束（要求特別高的現實感及認知能力）。簡言之，本活動為一：(1)自由呈現主題；(2)精力宣洩，再次確認主題，破壞性的；進而(3)建設性地以符合美感的形式來呈現心理主題的歷程。

成員七的自由貼畫（附錄九－2），呈現意識層面（如，自己可意識到的，生活經驗的一部分）和潛意識層面的內容（如，自己無法解釋為何以特定的方式來呈現某些的圖片）。在意識上，成員七反映了一般黨群期男童的共同特質——喜好集郵、車子（亦可視為其追求獨立的象徵）、打棒球和看漫畫。「我愛小狗」為成員七主動以黑色色筆寫出的標題，同一面卡紙右下角則貼有一張面積頗大的白色馬爾濟斯犬圖片。成員七「喜

歡」小狗（自己分享時的用詞），因此選擇了此一主題。值得一提者，「狗」或許有許多一般性（如忠實）和個別性的象徵意義。對成員七而言，毛絨絨的小白狗或許是他情感轉移或補償性的、可以愛護的對象；抱著牠的感覺該是溫馨的！（成員七曾幾次在團體中提起自己想做「保姆」，且在某次的聚會中，對本團體觀察員剛滿周歲的幼兒表現異常的親切感）圖中所出現的煙和酒，除了是此育幼院院童與同儕間常談及且有特殊情感經驗的主題外，與貼畫中所呈現的胡蘿蔔、香水一樣，亦或是特殊性經驗的暗示，此與畫人測驗的結果一致。

＜第三次聚會──音感作畫＞

• 行為表現

此次的暖身活動是以音樂冥想及說故事（研究者改編自日本卡通──原子小金剛）的方式引領團員進入想像世界。成員想像自己是原子小金剛，在白博士（即領導者）賦予新生命（半機械人）之霎那，肢體逐漸開展、舞動起來（故事情節並配合德弗札克之新世界交響曲之創作背景來改編）。成員七在稍作觀望之後，肢體頗能隨著音樂有節奏性地舞動。

成員七在主題活動時下筆甚快，且表情極為專注，偶爾會隨著所放音樂輕聲吟唱。在分享活動時，亦十分配合。從成員七在「讓腦力激盪」活動中的回答（針對其他團員的繪畫作聯想），可發現他對已逝爺爺的懷念及對親情的渴望。

成員七在本次聚會中雖仍被警告四次，但其行為干擾的嚴重度則已明顯地降低。

• 藝術創作分析──音感作畫

此次音感作畫的內容為原子小金剛（即團員本身）想念家鄉、家、家人或相關的事物。所播放的音樂（均為時下流行的國語歌曲）依序為：「沈默的母親」、「親愛的小孩」、「心肝寶貝」、「站在這裡」、「最愛的是你」、「分享」、「沒有做不到的事」、「驪歌」、「在我生命中的每一天」及「用我的手握你的手」。

成員七的音感作畫呈現小金鋼與白博士在海邊互道珍重再見的一景（附錄九－3）。海邊幽揚的琴音，傳達了作者思鄉、不忍與親人分離的情愫。圖右上方的蘋果樹，或為渴望親情的象徵，而左上角以X光透視法呈現的房子內部（一大一小的燈具），則或暗示其對親情的依賴與渴望。

＜第四次聚會——描身畫：最××時候的我＞

● 行為表現

此次活動為每兩人一組的描身彩繪，以廣告顏料及與人等身大的圖畫紙為主要媒材。領導者初以「討論情緒」為暖身，導入主題活動。成員七在暖身示例「我最害怕的時候」回答是被院裡的阿姨打時，而後在自由配對時，主動地選擇和來自同院的成員八一組，兩人以猜拳的方式決定相互描身的先後，過程和諧有趣。

成員七能正確地使用廣告顏料來混色和調色，創作時亦相當投入。整個活動期間，雖被領導者警告過四次，但亦有因行為表現良好而被口頭嘉獎一次的記錄。

在分享討論時，成員七曾分享他在幼稚園時是有記憶以來，最愛哭的一個時期（常被打），也和團體分享了他的吸毒經驗，態度自然、真誠。

● 藝術創作分析——描身畫：最高興時候的我

成員七以側面、手舞足蹈的身體姿勢，來表現他最高興的時候（想像與成員八在一個艷陽高照的週日下午，結伴去郊外踏青）。畫中的他為當日成員七本人的 copy，成員七以「固有色」來彩繪自己——身著紅色的無袖背心與綠短褲。在主體人物完成了之後，成員七又不自覺地用塗綠褲所剩的彩料來「點」滿畫面，甚至將原來的黃色太陽塗成墨綠色（附錄九－4）。綠色的點或反映其作畫時歡愉的心情，而將太陽也順勢塗成墨綠的舉止，則暗示其行為易受情緒或環境所影響的傾向（極易因一時的衝動而否定原有的價值體系）。

＜第五次聚會──廢物造型＞（附錄十一1）

● 行為表現

　　聚會之初，團員以分享作業內容（造句：我感謝××，因為……，三句）作為主題活動之暖身。在領導者起頭自我揭露作示範之後，成員七主動且真誠地與大家分享──我感謝奶奶，因為她把我養大；我感謝老師，因為他們給我知識；我感謝爸爸媽媽，因為他們把我生得很健康。然而，在聆聽其他成員分享時，成員七與其他兩位成員開始感到不耐，趴下身子且撐高上半身，動來動去。

　　主題活動「送一份禮物給我最感謝的人」的創作期間，成員七與成員八雖在廢物選擇上有所爭執，但會彼此協商，在領導者宣布此次活動逾時，無法休息吃點心時，成員七二度領頭抗議。在其作品完成後，與另兩位成員（成員二和成員一），依序相繼在胸部以物品假裝突顯的兩乳作樂。

　　在團體分享成員的作品時，成員七能積極地參與討論，並給予其他成員確切的回饋。整個聚會期間，成員七偶有對錄音機說話的情況，共被領導者口頭警告兩次。

● 藝術創作分析（廢物造型：給最感謝的人一份禮物）

　　成員七選擇以一餅乾紙盒內裝尺及陶盤狀的煙灰缸，作為送給已去世一年多的爺爺的禮物。整個紙盒最後以銀色底粉紅細條狀的包裝紙包裝，外頭並飾以粉紅色緞帶花。

　　成員七與團體分享到他爺爺會做木土，沒有固定的職業；在他去世之前，成員七與表哥、兩位姊姊和爺爺共住，爺爺去世後，成員七才被送往育幼院收留；爺爺生前教成員七做功課；他將把這份禮物帶在身邊，因為看到它，就如同看到爺爺一樣。

　　由成員七在創作歷程中的投入，分享時的真誠來看（為此次第一位完成作品且主動分享的成員），爺爺為他所最懷念、感激的人。尺與煙灰缸象徵著其祖父的專長與嗜好，而對爺爺的懷念，或許暗示成員七對親情的

渴望和對淪為「育幼院」孤兒的感嘆。

＜第六次聚會──粉彩畫：我最××的時候＞

●行為表現

領導者此次以粉彩的示範和練習及與成員討論情緒作為創作前的暖身。在討論情緒與事件的關聯時，雖然有其他的小朋友不斷地對他挑逗、打岔，成員七仍很專注地聆聽領導者的解說。之後，很快地投入於粉彩創作中。

團體分享討論時，成員七的態度真誠且積極，分享與給其他成員的回饋，內容均能切題且深入。

成員七在此次聚會中，共有兩次因行為不當而遭警告。

●藝術創作分析──我最××的時候

成員七選擇以我最「沮喪」的時候，作為三張粉彩創作的主題。第一張為被阿姨、同學打的時候；第二張為被哥哥罵的時候；第三張則為哭、不開心的時候。三張畫均以粉筆橫擺的方式輕筆疾速完成，並未以手指壓粉（附錄九－5）。雖然三張畫面均塗滿，但筆觸草率與色彩的低飽和度均暗示成員七作畫當時的沮喪和低精力（low-energy）狀態。由「沮喪」主題的選擇，我們亦得知此為當時他感受最深刻的情緒。

成員七的第三張畫被團體公認為最能表現「沮喪」的佳作。

＜第七次聚會──色黏土雕塑：十年後長大的我＞

●行為表現

成員七在領導者解說主題時作品即已捏具芻形。不同於以往在創作時的專注與快速，成員七在本次創作歷程中與其他成員的互動增多。

在分享時，成員七表示很滿意自己此次的作品。而在其他成員分享他們的作品時，與成員八將原有的作品悄悄地組合為一整體的造型，而後大部分成員更在分享之後，以此為場景，玩起遊戲來。遊戲之主題為成員七在天堂，大家在其墳前祭拜之。

成員七在此次聚會中，無任何被領導者「警告」的記錄。

• 藝術創作分析——色黏土雕塑：十年後長大的我

　　成員七選擇以捏塑「小天使」來作為此次活動的主題。主角人物身著胸前印有紅色十字架的白衣，頭戴白帽，肩上並長著一對黃色的翅膀。小天使右下角為以數個長方體架構而成的聖殿（墳墓），背景選用淡綠色的西卡紙。紙下方的數字代表「1000 年後，永遠 15 歲的小天使」（附錄九－6）。在與團體分享時，成員七解釋自己所呈現是：「十年後成為小天使。在天堂裡，沒有人會想念我，而我正在聖堂內演戲」。當領導者問到：「如何到天堂去的？」成員七回答：「奶奶煮飯，忘了關瓦斯，瓦斯爆炸，奶奶沒事，我卻死了。」此作品呈現作者消極、悲觀及厭世的心態。在領導者帶領其他成員討論大家可能的生涯規劃（如接受完九年的義務教育……）之後，成員七對自己未來的規劃是——國中畢業後，將去打工，譬如去洗碗、當「保姆」（餵奶、換尿布）。「永遠 15 歲的小天使」的理念，事實上已反映了成員七對自己未來可否回家與舅舅家人及祖母同住的渴望及焦慮（害怕被拒）。「沒有人會想念我」則反映此成員之低自尊與自暴自棄的心理狀態。當成員八在此時立即表示會想念成員七時，無遺地推翻了他先前悲觀、預期災難的假設，增強了其生存之動機。

＜第八次聚會——心理劇扮演：青蛙家族＞（附錄十一－2）

• 行為表現

　　成員七在本次共九個場景的參與中，態度均甚合作。當他在未上舞台演戲而在台下當觀眾時，偶有玩弄地毯塊的情形。

　　本次活動期間，成員七被領導者口頭警告一次。

• 藝術創作表現

　　成員七場景 1～4 中，扮演爺爺。劇情為主角（一姊一弟）放學回家後，發現父母有嚴重衝突；祖父母介入調停；弟弟在母親離家後在學校頻出狀況；姊弟倆客居祖父母家的情形。由於成員七與其已逝的祖父感情濃厚，因此在扮演中，其即興的台詞和演技均極為自然、生動，也反映其祖

父生前與他的互動模式。

在以「爲什麼要作弊或說謊」爲主題的場景中，成員七扮演「白天使」的角色，而其害怕說謊「會被發現，會被揍」的詮釋則印證了其退縮、迴避的行爲模式，與其在校遇挫時會躲在廁所裡或是逃學、逃家的行爲類似。

在「自殺好嗎？」的心理劇扮演中，成員七扮演黑天使，他向主角勸道：「可以用三隻手拿錢去打電動」；「大家都不理你，自殺可以早日遠離痛苦」；「早日自殺，可早日有鬼朋友」。而在其他成員上台演出，成員七在台下當觀眾時，不時玩弄著地毯塊，自言自語：「白天使當得好辛苦！」（其他的觀眾當時都很安靜）

在討論「離家出走好嗎？」的主題時，成員七曾先後扮演黑天使（說到：「大家都對你不好，若疼你，他們就不會吵架了」）；白天使（說到：「外面很恐怖，壞人會利用安非他命威脅你」，「要向父母說一聲，抓回家會被毒打」，「囉嗦正是愛」）；和主角（弟弟）。在最後由工作人員扮演白天使，成員八扮演黑天使的組合中，擔任主角的成員七很安靜地聽著自己心中黑白天使的對話，若有所思。當導演（即領導者）請他最後作一選擇時，成員七選擇了白天使（表情甚爲嚴肅，此時由成員八所扮演的黑天使直嚷：×××，你背叛了我！）

在工作人員及團體成員輪流上台的心理劇扮演中，成員對主題的認知與態度自然地浮現。與他人互動的結果刺激每位主角再次地審視自己的決定。相較於成員七前幾次沮喪的態度，此次的結果是十分正向的，可視爲整個療程中一個重要的轉折期。此外，成員七在活動中曾二度提及當保姆，除顯現其對親情的渴求之外，亦反映其情感性的補償心態及混淆的性別認同觀。

<第九次聚會——共同貼畫：許願磁場>

• 行爲表現

領導者在此次聚會中，以傳說爲楔子向團員說明本次活動內涵——傳

說中，某個部落的印第安人生來即有其個人所屬的顏色（born color）……。每位成員先去認定自己的 born color（即 healing color），誠心許願。用自己的色草紙，在每撕下一小片即刷貼到自己所屬的塊面的過程中，默唸自己的願望，反覆此撕、貼、默禱的過程，直到把自己的塊面貼滿（附錄九－7）。如此一來可共同營造成一曼陀羅（Mandala）動力磁場，讓成員們的願望成真。

成員七選用金黃色為自己的 born color，在整個創作過程中，均十分安靜、專注，直到貼到後半期才逐漸鬆懈下來。當把自己的塊面貼滿以後，十分大方地把自己的願望與他人分享（貼到別人的塊面上），甚至主動詢問他人要多少塊請他們自己貼。

在儀式化的分享活動中，成員七表現地十分合作，能同理其他成員的處境，並給予回饋。當領導者詢問有那位成員願意有「許願卡」（在自己所屬的塊面中取下一小塊護貝成書卡狀）時，成員七欣然舉手回應。在最後團體拍照留念時，成員七則表現得相當頑皮、活潑，也因而被記警告一次。

• 藝術創作分析

飽和度極高的黃色，即一般俗稱為金黃的色彩，是成員七所認同的（born color）。回顧其在本團體中的一系列創作，金黃的確有極高的使用率（如在第一次「別人眼中的我和自己眼中的我」之繪畫中，兩個我均著黃色衣服），依據 Birren（1992）的色彩心理學理論，黃色予人晴天、熱烈發光的一般外觀；令人聯想到日光，亦有「警告」的直接聯想；給人的客觀印象是愉悅的，能激勵人心的，有生命力的及神聖的；而其主觀的印象則為精力旺盛、健康的。

成員七以大小適中的黃色草紙貼滿其所屬塊面（附錄九－7，圓輪之左下角黃色），由撕紙黏貼的過程中，反覆默頌其最主要的願望，雖然這個願望並未被要求和團體分享（言辭上的），但由其所選用的色彩及專注的創作態度看來，他對這個願望的期待是非常熱切的。

由於成員七在創作過程中，表現專注、嚴肅，其他小朋友所給予他的

祝福也因而感染到了幾分真誠，此點可由成員七所屬的黃色塊面上，「眾多」的彩色「小」塊面看出端倪。

＜第十次聚會：珍重再見——製作離別紀念冊＞（附錄十一－3）

• 行為表現

此次聚會在領導者發給成員每人已事先製作好的紀念冊（封面、封底選用成員個人的 born color，封面內頁貼有領導者用拍立得相機幫成員所拍攝的「得意」照）後揭開序幕。所有成員及進入團體的三位工作人員均圍坐在大墊布旁製作離別紀念冊。成員個人的紀念冊，在其本人完成封面之繪製後，向左傳遞給他人記錄離別畫語。大多數成員都很關切「老師們」是否留下祝福的字畫，尤其是成員七，關切頻仍，與團體初期的漫不經心判若二人，表現不想就此結束的意念。

全部的紀念冊均製作完畢之後，成員們滿場飛跑追逐，因故「圍攻」成員二，其中成員七的肢體動作大了些，惹得成員二哭了起來，成員七也因此被警告一次。

• 藝術創作分析

此次活動的紀念冊作品，因內容涉及成員之隱私，故未拍照記錄。大體而言，成員七給予他人的回饋以繪畫形式居多，筆觸大膽，作畫快速，展現其一貫「阿莎力」的畫風，而其內容亦頗能符合每位成員的需求。

綜合以上成員七在十次藝術治療團體中的表現，研究者將其每次聚會中的不良行為次數整理如圖 4-4-1。

由研究之工具得知，成員七的不良行為，大都與他人之互動有關（尤其是成員八），再者，成員七在團體初期之不良行為大都屬「煽動」其他成員或帶頭起鬨者。由圖 4-4-1 我們得知成員七之初次與第二次聚會中的不良行為次數有十分明顯的差距，而後則不良行為次數逐漸降低，推究其原因，研究者以為：

1. 初次聚會時常規尚未能有效建立。團體成員不時在挑戰領導者的權

威與包容度。此現象在領導者請團體助理在旁記錄成員在聚會中的優良及不良行為次數以做為團體結束後獎懲的參考之後，獲得有效的改善。

2. 在收容所的兒童通常有注意力短暫的過動現象。這些症狀源自於長期無法享有情感的溫暖，也因此當這些兒童的生活環境獲得改善時（如被收養），種種的過動症狀便會消失（ Kaplan & Sadock, 1988 ）。在本團體歷程中，由於成員與領導者之間之互動密切且頻繁，因此成員七之不良行為發生率便逐次降低。

3. 成員七在第七次聚會時沒有任何不良行為發生的記錄，此與其在整個團體歷程中的表現有十分密切的關聯。若將團體歷程分為初期（ 建立關係，發現問題 ）、中期（ 呈現問題 ）與末期（ 解決問題 ）三階段，則第七次的聚會可視為中期末的重要關鍵。由研究工具我們得知成員七在該次活動中呈現了退縮、厭世的念頭。此念頭或源自於對現世的否定與無奈。在第七次的聚會中，成員七無論是在創作內容或行為上，均表現得十分低潮（ depressed ）。

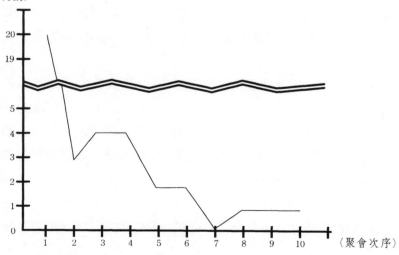

圖 4-4-1　成員七在藝術治療團體聚會中的不良行為次數

㈡成員七之前、後次「自我態度問卷」、「小學人格測驗」及 H-T-P 測驗結果之比較

研究者將成員七在前兩次測驗的前、後測結果，依細目之原始分數整理如圖 4-4-2、圖 4-4-3，其記分方式及代表意義請參考第三章第四節之三與四。

由圖 4-4-2 成員七在「兒童自我態度問卷」各分項測驗之前、後測原始分數之比較，我們得知此成員除了在第二項「對自己能力與成就的態度」有明顯的增加（原始分數由 6 變為 11，增加 5 分）之外，其餘各項與圖 4-4-3 所顯示的「小學人格測驗」的各分項一樣，並無顯著的增減。大體而言，成員七的「兒童自我態度問卷」後測較前測略高（總分由 42 分變為 47 分），而其「小學人格測驗」之後測總分則低於前測（總分由 79 分變為 68 分），對於此不甚一致的測驗結果，研究者作如下的解釋：

1. 測驗情境未能有效地控制。後測時成員們顯得心浮氣躁，有盡快「結束」測驗，以享用蛋糕的傾向。

2.「小學人格測驗」的題數眾多，答案紙的格式設計不當，致使成員作答時，不易正確地作答（劃錯位置）。更因為測驗之施測在「兒童自我態度問卷」之後，中間並無足夠的休息時間，也因而影響了「小學人格測驗」的後測結果。

成員七之 H-T-P 測驗的前、後測結果請參考本章的第二節（p. 116～120）。為能突顯出成員七在 H-T-P 前後次測驗中所表達的情感特質及其程度，研究者本人和前面所提過的三位心理專家，重新就成員七之 H-T-P 前、後次測驗中情感特質表達程度做五分量表評量（附錄六），並進行 t 考驗，其結果請見表 4-4-1。

由表 4-4-1 可知成員七之「攻擊性」、「不安全感」及「沮喪」特質在後測時更趨明顯，且分別達 $P<.05$，$P<.01$ 及 $P<.05$ 的顯著水準，研究者將此「攻擊性」視為一渴望改變或突破現狀的心理趨力，「不安全感」或反映其對親情的渴望（有別於團體開始之初種種「假自主」的言行

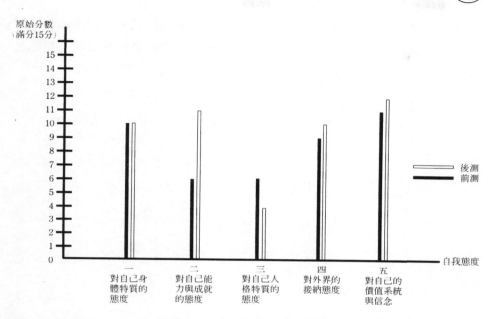

圖 4-4-2　成員七在「兒童自我態度問卷」各分項測驗之前、後測原始分數之比較

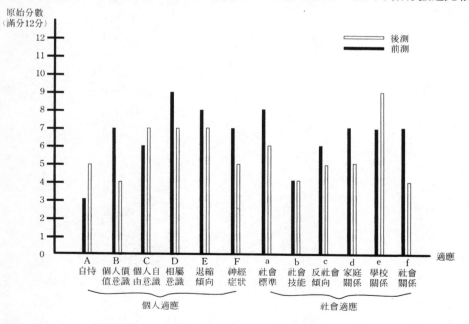

圖 4-4-3　成員七在「小學人格測驗」各分項測驗之前、後測原始分數之比較

舉止，請參考 p. 42、p. 43），而「沮喪」則表現出成員七對團體的依戀及不忍分離的心態。大體而言，表 4-4-1 所呈現的結果，與成員七在團體歷程中的表現十分一致。

表 4-4-1　四位評分者對成員七前、後次 H-T-P 測驗中，九項情感特質呈現的 t 考驗

情感特質	前後測	平均數	標準差	t 值
1. 焦慮	前測	4.75	.500	.52
	後測	4.50	.577	
2. 攻擊性	前測	3.50	.577	−3.00*
	後測	4.25	.500	
3. 不安全感	前測	3.25	.957	−5.00**
	後測	4.50	.577	
4. 易衝動性	前測	3.75	.500	−1.00
	後測	4.00	.816	
5. 自我中心	前測	2.75	.957	−1.00
	後測	3.00	.816	
6. 依賴性	前測	4.00	1.155	1.73
	後測	3.50	.577	
7. 退縮	前測	4.25	.957	2.05
	後測	2.50	1.000	
8. 不適感	前測	3.75	1.258	−.77
	後測	4.25	.500	
9. 沮喪	前測	3.50	1.000	−3.00*
	後測	4.25	1.500	

*　　P.＜.05
**　　P＜.01

·第五章　結論、檢討與建議·

第一節 結 論

本研究為藝術治療團體實務工作經驗的探討，採前、後測及追蹤訪談的研究設計，並藉由描述其中一位成員在團體歷程中的表現，來了解藝術治療團體之運作方式、團體活動設計方案之取向及其介入對有情緒和行為困擾之破碎家庭兒童之影響及促使改變的原因。

本研究所使用之研究工具，計有兒童基本資料表、同意書、「兒童自我態度問卷」、「小學人格測驗」、「房子—樹—人測驗」（H-T-P）、H-T-P 測驗結果評量表、H-T-P 測驗情感特質評量表、活動錄影及錄音、活動設計、觀察員、助理、團體結束後成員意見表及團體結束後四個月研究者對家長（或主要照顧者）的電話追蹤訪談。其中「兒童自我態度問卷」及「小學人格測驗」之後測結果因可信度不高，未能進行統計處理，故此二測驗的結果，僅供參考之用。依據研究方法之設計及研究工具之特質，本研究之結果傾向以「質」方面來探討。

本研究之結果，可分為：㈠由團體成員之前、後測「房子—樹—人測驗」測驗結果；㈡團體成員之結束後意見表；㈢成員家長或主要照顧者於團體結束後四個月所接受的電話訪談；㈣成員七在團體歷程中的表現；及㈤研究者本人從團體領導者的角色五方面來探討，以評估團體之成效。

㈠「房子—樹—人測驗」（H-T-P）

此測驗之結果，主要依據 Odgen（1986）所編製的投射測驗指導手冊來詮釋。研究者並參考詮釋兒童繪畫的相關理論（陸雅青，民 82，民 88），H-T-P 測驗後之問答資料及成員之背景資料，俾使此投射測驗的結果更加完整（參見圖 4-2-1～4-2-8）。研究更另聘三位熟悉此測驗，具十年以上心理實務經驗之專家，針對研究者本人對八位成員 H-T-P 測驗結果，予以非常不同意——非常同意（1-5 分），五分量表之評量。此評量者之間之信度為 .70（Hoyt 變異數分析法），證實研究者對此投射測驗結果之詮釋，有相當的可信度（表 4-2-1）。

　　一般而言，此投射測驗結果雖充分顯示「個別化」的特質，但所有成員之前測與後測結果仍有相當的共通之處。大多數的成員雖在前測部分表現出壓抑衝動、否定現實、行動化或攻擊傾向、焦慮不安或缺乏安全感……等心理特質，但由其作畫的整體表現看來，均維持相當程度的現實感。反之，他們的後測大都反映出更退化（線條品質及內容表現）、焦慮、沮喪的精神狀態。研究者以為此前、後測投射測驗的變化或：

　　1. 由於 H-T-P 測驗所呈現的是當事人的個別經驗、個人特質和與環境的互動模式，尤其是測驗當時當事人對特殊事件的心理寫照。團體「結束」對所有成員而言，是即將面臨的重大事件，考驗成員對「分離」所持的態度與調適。後測中的情緒退化表現是預期中之事，反映出成員普遍抱持不忍亦不願分離的心態。

　　2. 呈現一些成員對「家庭破碎」此一創傷之情緒的「解凍」現象。與前測比較，成員 M_1、M_2、M_3、M_4 在現實生活中以「壓抑」其情感或積極幻想的形式來面對因「家庭破碎」所產生的困擾。在團體的信任關係建立了之後，這些成員於是開始經驗其悲慟（moaring）的歷程，釋放其前所未有的悲傷情緒。

　　3. 呈現對再次測驗的反感。此點為一般後測時，尤其是當前、後次的測驗時間相距不久時常有的現象。

　　4. 呈現一般破碎家庭與育幼院兒童不同的因應家庭破碎的模式。一般破碎家庭兒童顯然需要較多的信任感及時間，才能釋放壓抑已久的負面情緒。

　　就「治療」的觀點而言，後測中的情緒退化現象是可被預期到的，是正向的，可視為治療歷程中的必要階段，是重建自我之前必要的解構歷程。它同時也意謂著藝術治療團體的介入對成員而言有強烈的情感張力，瓦解了其慣用的、不健康的防禦。至於後測所顯示的對「家庭破碎」的調適與認知則有相當大的個別差距。大體而言，M_1 和 M_2 所處的時期仍需較積極的治療或輔導介入，其餘成員則有賴具「支持性」的生活情境來發展更健康的自我。

(二)團體結束後意見表

　　由填答的內容（表 4-3-1）看來，成員的回答雖然十分簡潔，甚至辭不達意，絕大多數的團員十分喜愛參與此團體（家長反映亦是如此）。成員偏好操作性強，活動性大的活動，如第八次的「心理劇扮演」和第五次的「送一份禮物給我最感謝的人」，此兩次的活動時間長，討論時間短，又好「玩」，或許是獲選的主要原因。第九次的「許願磁場」為大多數成員印象最深刻的活動。對於這些破碎家庭的兒童在面臨團體結束時，許願的儀式更顯得意義非凡。至於在藝術媒材的偏好上，一般而言，與成員之發展期及個人特質十分一致（請參考陸雅青著之藝術治療，由心理出版社出版）。

(三)電話追蹤訪談

　　團體結束後四個月，在由研究者本人對成員之家長或主要照顧人所做的半結構性的電話追蹤訪談中發現，有六位家長肯定藝術治療團體介入的功能與持續效果。大多數的成員在待人接物的行為方面有所改善，尤其對於「美勞」產生特殊的興趣，能關心生活周遭的美的事物，甚至從創作活動中，獲得精神上的滿足（見表 4-3-2）。成員在團體中的藝術創作經驗已與學校的美育課程產生巧妙的聯結，在團體結束以後及未來的人生旅途中，發揮穩定而有力的支持力量。

(四)成員七在團體歷程中的表現

　　研究者以成員七在十次團體聚會中的藝術創作及行為表現來評估此團體對成員七的影響，並試圖藉由此一特定成員來探討藝術治療團體的歷程及「治癒性因素」（therapeutic factors）。

　　成員七在本團體中的表現與整個團體的動力息息相關。其不良行為（行動化、教唆、挑釁等）的次數在第二次聚會後急速銳減，在歷經第二、三、四次聚會的「試探」與「考驗」之後，呈現較為穩定的狀態（警

告二次），而不良行為的發生時機和原因，亦由主動呈現轉變為被動發生（由其他成員主導）。在第七次聚會時，成員七非但無不良行為發生，且態度順從、創作認真、分享真誠。而後的聚會，其不良行為均只有一次（參見圖 4-4-1）。

成員七的藝術表現雖一貫展現較為「隨性」的風格，但其內容卻由團體初期的反映異常的性經驗，到中期的釋放情緒、自我否定（第七次聚會時陷於前所未有的情緒低潮），轉變到後期的珍惜擁有、感恩與回饋。每次的藝術創作都可視為當時期成員七心理現象的呈現。而從研究者本人與三位心理專家對成員七之 H-T-P 前、後次測驗中所表現出來的情感特質之評量顯示，成員七之「攻擊性」、「不安全感」與「沮喪」特質在後測時更為明顯（P＜.05，P＜.01，P＜.05）。研究者以為這些微妙的變化，或由於以下的幾點藝術治療團體的「治癒性」因素所催化而成。

1. 成員有長期被「疏忽」（neglect）的成長背景，而後雖曾接受為期數月的個別心理治療，但在精神上卻無所寄託，此由其團體開始前所作之測驗結果及藝術作品中所透露的對官能刺激的追求和行動化的行為傾向可看出端倪。藝術活動的引介協助成員七能勇於自我表現，並從中獲得情感的昇華和具體的回饋。藝術表現為在其成長的過程中，極少數能表現其自我且能獲得認同與讚美的活動。此點由團體結束後成員七對藝術創作的積極態度（與成員八一同跟院裡的神父修習國畫）得到印證。

2. 領導者以傾向非指導式（non-directive）的治療模式帶領此團體，促使成員七能量力考驗其自我能力與界限（ego strengths and boundary），而於領導者包容、支持的態度中去反省、覺察和作決定。成員七能投入於每一次的創作，從操作的過程中與最深層的自我接觸。藝術創作可以是安全、自由且全然自我的表現歷程，每一刻心、眼和雙手（肢體）的互動，均在刺激成員作更積極的美感表現與心靈成長。

3. 藝術表現的個別化促成領導者能在「團體中作個案」。在藝術創作的過程中，成員較能投入於事件的主體，降低防禦心理，反映潛意識的內容。領導者因而能與每位成員建立較親密且特別的關係，提供適切的關懷

與協助。

4. 當藝術治療團體的成員在和團體分享其作品時，常能喚起或刺激旁觀成員的情緒反應，加強其他成員積極參與活動的動機，增進團體的互動和凝聚力。來自同院的成員七與成員八，由於共同參與此團體的經驗，促使兩人的友誼更為堅固，能在生活中相互扶持，彌補了缺乏親情的遺憾。較親密友誼的建立亦當是此團體的「治癒性」因素之一。

5. 藝術治療的成品是一種診斷指標，它們協助領導者能更真確地評估每位成員的心理狀況，以計畫下次聚會的目標和活動。團體動力的有效掌握亦為重要因素。

6. 時間性因素。團體的聚會時機為小學暑假期間，在無課業壓力下，成員能較無顧忌地反省，再思改變之道。在為期一個半月的期間，藉由團體與環境之間的互動，增進將新經驗類化，應用於生活的可能性。

7. 藝術創作的創意發揮，與能量達到頂峰的喜悅感，讓成員體會到無上的滿足，進而能肯定自我存在的價值。此對美感經驗的肯定更自然地轉移至學校的美育課程，成為日後長久而穩定的情感支持力量。

(五)團體領導者（研究者本人）的角色

領導者深切感受到此一特定團體之成員，情緒極度壓抑，且對環境不容易產生信任感。活動設計為順應團體動力之走勢，以「負面情感」之紓解及昇華為大多數團體聚會之重要目標。此外，由於領導者（研究者）之藝術治療師背景，「在團體中做個案」為貫穿十次活動的重要理念。團體聚會期間，領導者除了利用聚會期間與成員有個別溝通的機會（如協助其創作……）之外，並與成員家長有密切的聯繫。每次團體聚會結束後，更與團體之觀察員與助理，就成員當日之表現及作品來探討，以便能確切地掌握每位成員之成長，並決定下次活動聚會的形式及主題。

成員外顯行為及內在思考模式之改變因人而異。由其一連串創作表現歷程及成品之改變，領導者體認到此團體對每位成員均有相當大的衝擊。可惜的是以做個案的觀點來看，有些成員可以在期限內（團體結束時）結

案,而有些成員正處於治療的轉化期,甚至有一位成員仍處於治療初期階段。當團員在面對團體結束時,其心理的退化現象或許可由其作品、行為表現及測驗的成績看出端倪。團體治療之功能有其限制,如團體的進度一定但每位成員成長的步調不一,此點限制在此一特定的團體中甚為明顯。

本團體每次聚會時間為 2.5 小時,雖明顯地高於文獻記載中的兒童團體聚會時間,但成員在聚會過程中卻未有無聊、冷場的情況發生。充裕的相處時間讓領導者更能掌握與每位成員互動的品質。

綜合上述各方面的探討,研究者以為此一破碎家庭兒童藝術治療團體,在有限的範圍內,已發揮了相當大的功能。領導者以全人的發展為目標,來經營此團體;由創作及團體的歷程中,順應著團體動力的發展,讓「主題」自然地呈現。頗出人意料之外的是,在十次的團體聚會中,有六次的聚會是在處理成員與「家庭破碎」相關的負面情感(參見表 4-1-1)之團體活動設計。此說明了負面情緒的釋放在破碎家庭兒童心理治療(團體)中占極重要的比例。對大多數的成員而言,其家庭破碎的時間已久,在缺乏社會性支持的情況下,為因應其生活危機,大多不得不壓抑其情緒,而發展出一種十分不健康的因應模式(冷漠、不信任……)。十次的治療聚會或許瓦解了冷漠的心牆,疏導了負面的情感,但對大多數的成員而言,其解構後的新模式卻尚未能有效地建立,有賴團體結束後其親友及師長能繼續配合與支持。再者,雖然領導者自團體的第六次聚會時即倒數預告團體的結束,團體結束後的測驗結果及最後幾次團體聚會時,某些成員的表現(如,畫攻擊性的武器或有攻擊性的行為)則顯示了成員對團體結束的分離焦慮及情緒退化現象。這或許是此特定群體對愛及安全感的需求較一般兒童強烈的緣故。因此,當他們對團體的信任感一旦建立,則更難承受團體結束的打擊。由研究者在團體結束後四個月對成員家長所作的電話訪談,則證實藝術治療團體治療的延續效果。透過對成員七在團體歷程中藝術創作及行為表現的評估,研究者以為此團體之治癒性因素除了如在第二章文獻探討部分所敘述的,及前一節所推論出的治癒性因素之外,尚有:

1. 領導者對團體動力的掌握得當

此包括領導者能確切地掌握每位成員在歷程中的表現，對其創作與行為有深刻的了解，致使在以「非指導式」及「經常結構式」傾向的原則下所探討的主題，均可謂是成員當時最需要探討的心理內容。團體結束後意見表反映領導者在活動中所應用到的藝術媒材，能有效地幫助成員自我表現。

2. 藝術治療師「在團體中作個案」哲學的實踐

使領導者與每位成員間建立獨特的聯結，在支持的情境中促成改變與成長。「團體中做個案」的治療方式在藝術治療團體中，因成員均有具體，且相同主題之創作，而未干擾到團體動力之進行；相反地，在此「非指導式」治療理念下成員的藝術創作展現了個別問題的深度及內涵，增加了成員對彼此之同理心，也凝聚了團體的向心力。

3. 時間性因素

暑假期間每週聚會兩次，每次聚會 2.5 小時的安排，提供成員足夠的增強（團體聚會即可視為一種情感上的支持）動機，在較無課業壓力的假期中，試驗將團體經驗類化，進而應用於日常生活中的可能性。

4. 相關人員的配合與支持

全人中心工作同仁的全力支援，成員家長及監護人……等的關心與配合，使成員的藝術治療團體經驗與生活的結合更趨一致。

5. 藝術創作的功能

十次的藝術治療活動經驗不只讓成員更熟悉藝術媒材的特質和創作形式，並能將藝術創作視為一種自我表現的工具。成員普遍地能肯定自我創作的獨特性、意義與價值（此為領導者在團體歷程中不斷傳遞的訊息），

並嘗試去發展個人獨特的視覺語言。由領導者在團體結束後對成員家長所做的電話訪談中，發現成員已將在藝術治療活動中所獲得的美感經驗，有效地轉移到學校的美勞課程中。美感經驗的獲得是本團體治療具持續效果的重要因素，藝術治療經驗與學校藝術教育的結合使成員將藝術創作及對美的追求當作自我表現、情感昇華的管道，從積極地學習中，獲得滿足與成長。

第二節　檢　討

本研究受限於時間、人力等因素，雖然就團體治療的成效而言，答案是肯定的，但以「研究」的標準來看，仍有許多不足之處。研究者個人以爲此亦爲許多實務工作者在從事相關的研究時，所常面臨到的問題。

一、如何讓研究介入不干擾到治療活動的進行？

在心理衛生專業人員普遍存有人本的「以案主爲中心」（client centered）的共識下，研究設計雖需配合治療的需求，但仍不免影響治療活動的進行。如在本研究中，被治療對象及其家長均了解本團體的研究性質，並同意研究者作相關資料的蒐集，但在團體進行中（尤其是在早期階段），少數成員面對錄影機及相機時顯得焦躁不安，成員七尤其常不顧團體的進行，對著角落的錄音機自言自語。諸如此類的現象常是可預知，但無法避免的，對團體的進行絕對產生相當程度的干擾。

爲了降低研究介入對治療活動的干擾，亦使得資料的蒐集更加困難。如在本研究中，第五次團體聚會時（送一份禮物給我最感謝的人），爲順應團體當時的氣氛，顧及當事人的感受，在團體分享時刻，未加以錄影或拍照。成員顯然無法在拆解禮物，分享內容的時刻，有任何非主題相關的活動介入。再譬如在最後一次製作畢業紀念冊時，爲尊重成員的隱私，並未拍照記錄。當然，此涉及到心理治療專業的倫理問題，但以成員的藝術表現作爲評估治療成效的重要參考時（藝術治療的特質），資料蒐集的不

完整，著實影響到了整體評估的客觀性。再者，在研究團體進行中，亦有因錄影機電力不足而無法將團體成員重要的互動鏡頭即時攝下的時刻。只因團體的歷程只有一次，領導者無法要求成員將發生不久的情節「再演一次」以便錄影記錄（除非符合治療的需要）……。諸如此類的問題，在類似的以「人」為本的研究中，是可以理解的，但也說明了將「資料蒐集得客觀、完整」是十分不容易的事。

二、以何種研究設計來評估治療的成效？

以實效的評估來決定特定治療方式或哲學存在的價值及應用的可能性為大多數實務工作者有興趣的研究主題。換言之，研究需能反映實務工作的需求，實務工作亦能因研究的結果而獲得改善。

量化、實證性的研究為能客觀地評估治療成效的研究設計，但往往流於數字遊戲及治療效果的追求，而忽略了治療過程中較為人本的治療性因素。以此種研究設計為藍本的治療方案，在應用時或能提供較明確的結構，但無法讓實務工作者掌握治療的精神，達到舉一反三的效果，以應付治療實務中層出不窮的變數。反之，以質為取向的研究設計，雖在信、效度上面臨傳統研究者的質疑，卻較能掌握過程中有意義的因素。然而，本研究卻面臨了無法將過程中的資訊蒐集得更完整的困擾。在以「人本」精神或「研究」態度來帶領團體的歷程中，領導者在當時（極短暫的時刻），確實面臨了抉擇。

三、如何篩選研究對象？

本文為一實務工作的探討，在研究對象的選擇上，無法以較客觀的方式決定。由於研究對象為兒童，研究者在治療介入之前即取得其家長或監護人的共識，同意其子女參與本研究並享有相對的權利與義務。研究者雖以「小學人格測驗」、「兒童自我態度問卷」及「房子—樹—人測驗」為篩選成員的參考，但發現所選用的量化測驗及投射測驗結果不十分一致。若以前兩種測驗的結果來篩選團體成員，則一些亟需「成長」的兒童（如

成員二和成員三）便會被排拒在外。此或許意謂著研究者所選取的量化測驗之不適用及兼具研究性質的治療團體在篩選成員時的困難。本研究中之團體成員為破碎家庭兒童有「情緒或行為困擾者」，雖可勾勒出相當清晰的成員特質，但可能被批評為研究者個人「自由心證」的結果，不具客觀價值。然而，以「客觀」、「量化」的心理測驗結果（如低於一個標準差）所篩選出來的，是否便全是需要治療介入者？則是另一個發人省思的問題。

四、研究者是否亦適合兼任團體領導者？

由於現階段國內具「藝術治療師」專業資格者十分匱乏，致使研究者從事此相關的實務研究時，不得不亦擔任團體的領導者。此種「球員兼裁判」的研究設計或許影響了研究結果的客觀性。然而，研究者亦以為在此以質為取向的研究中，兼具團體領導者／治療師角色的設計，讓研究者能充分掌握研究對象在過程中心路歷程的演變。在其他研究工具的輔助下，如以觀察員記錄、錄音、錄影……等資料來計算成員七在團體歷程中不良行為的出現次數，以增聘其他心理實務專家來檢核研究者對每位成員之H-T-P測驗結果之詮釋，及以共同評量成員七在此投射畫測驗之情感特質的表現程度之方式，來增加此質化研究的客觀性。

五、測驗情境的控制是否恰當？

在本研究中，測驗情境的失控影響了研究者原本的研究設計。雖然研究者事先控制測驗環境（室溫空調為25℃，測驗室內佈置簡潔、舒適，光源充足，雙層玻璃的設施能有效隔離戶外的雜音），團體結束後的測驗情境仍然失控。檢討其因，乃是研究者未能掌握當時的人為因素，高估了成員在團體結束後情緒退化狀況中的行為能力，及未能將當日的流程作更妥善的安排（如依序舉行三種測驗的施測，中間安排點心時間吃蛋糕……）。「前、後測」的評估設計在投射測驗的結果看來，的確可以反映成員在受測當時的心理狀況及治療介入的影響，但量化的心理測驗呢？成員

在情緒退化的狀況下更顯得耐性不足，以至於產生數位成員不到三分鐘即交卷的情形。量化的心理測驗在類似的研究中如何避免上述的失控情形發生，或是有其使用的必要性是值得深思的課題。

▍第三節　建　議

依據以上研究結果與檢討，研究者提出以下幾點建議，盼能對未來藝術治療或破碎家庭兒童的相關研究有所助益。

1. 針對團體之性質及目的，設計合適的評估問卷。除了研究者本人之外，可聘請其他的相關人員（如機構的行政人員、家長、教師……等）在特定時間共同評定成員的某些行為或創作表現，並取得評分者之間的信度，提昇研究結果的客觀性。

2. 採用高科技、隱藏式的錄影設備，以避免人工操作錄影時對成員或個案的影響。隱藏式的錄影機雖無法自動攝影關鍵性細部的鏡頭，卻足以掌握大環境的變化，並兼具全程錄音的優勢。

3. 可針對其他幾項可能影響治療成效之變項，如父母之教養態度和社經地位，成員之排序、年齡和性別，破碎家庭之成因及年限，家庭破碎之後成員所獲得的支持，藝術治療特殊方法或取向的應用……等作更進一步的探討。

4. 可增加研究對象的人數，延長研究的期限，依此團體的運作模式（未預設活動主題），將對象分為數組分別進行團體治療。比較、歸納各組的治療結果及在歷程中所自然衍生的主題及其產生的時機，以建立「結構化」的「破碎家庭兒童藝術治療團體」模式，推廣並應用於國小輔導室及社教機構的兒童輔導單位。

5. 採實驗組—對照組的方式進行。對照組或不施以任何介入，或以其他的心理治療方式處理之，以探討藝術治療團體之療效及特色。

6. 採「長期研究」（longitudinal study）的模式，定期評估本團體成員之身心狀態，以明瞭兒童藝術治療團體的後續影響。

7. 對於破碎家庭兒童的治療性或成長性團體，研究者以為採個案的治療方式，在人力、財力、物力均可以配合的前提下，以開放性的態度來決定團體結束的時機，亦為可行的方式。

8. 團體結束後，對少數仍有治療或成長需求的成員，能提供個別或其他形式的治療。再則，由於兒童仍處於發展的階段，在邁向心智成熟的歲月中，若能由相關單位（學校、教育局或社會局）主動提供有利的支持系統，如義工大哥哥、大姊姊……等，在平日予以課業或心理上的輔導，則不但能緩和其家長生活的壓力，亦可提供孩子一較健康的認同對象。

9. 為有效改善「家庭破碎」給個人、家庭及社會所帶來的負面影響，其「治療」可結合學校及社區的力量，作完整的規劃設計。團體進行期間，治療師與成員家長及學校老師應保持密切的聯繫。若有可能，邀請成員之家長或主要照顧人參加由同一單位所提供的支持性或教育性的團體，以更有效地處理成員因家庭破碎所帶來的心理和行為困擾。

10. 本研究對實務工作者，尤其是學校輔導人員及資淺臨床實務工作者最立即的貢獻即是——將本研究之結論及團體活動設計方案，廣為應用於破碎家庭兒童的團體輔導。

一、中文部分

方慧民、吳英璋（民 76）　離婚因素、親子關係、及學童之適應。*中華心理衛生學刊，第 3 卷，第 1 期*，149～167。

自立晚報（民 86 年，6 月 26 日）　少年郎犯案，竊盜案居多，單親家庭少年犯罪是正常家庭的 28 倍。

江金貴、劉勝年、高宏煙、陳國田、許利禎（民 77）　單親家庭兒童的調查與輔導。*輔導月刊，第 24 卷，第 10、11 期*，36～40。

何英奇（民 75）　自我觀念評量的檢評。*國立臺灣師範大學教育研究所集刊，28 輯*，75～97。

何金針（民 76）　論單親家庭問題及輔導工作。*諮商與輔導，第 20 期*，13～15。

邱美華（民 81）　繪畫治療團體對國小適應欠佳兒童的自我概念及行為困擾之輔導效果。政治大學心理研究所碩士論文。

吳櫻菁（民 76）　協助父母離婚兒童與青少年的輔導策略。*諮商與輔導，第 20 期*，16～19。

侯禎塘（民 76）　藝術治療團體對特殊學校肢體殘障國中學生人格適應之影響。國立臺灣教育學院輔導研究所碩士論文。

范美珠（民 77）　讀書治療對父母離異兒童個人適應及社會適應輔導效果之研究。國立臺灣師範大學輔導研究所碩士論文。

袁之琦、游恆山（民 77）編譯，*心理學名辭辭典*。台北：五南圖書出版公司。

梁培勇（民 78）　子女如何面對父母離婚的課題。*測驗與輔導，97*，1929～1931。

陸雅青（民 82）　*藝術治療：繪畫詮釋——從美術進入孩子的心靈世界*。臺北：心理出版社。

陸雅青（民 88） 藝術治療：繪畫詮釋——從美術進入孩子的心靈世界 第二版）。臺北：心理出版社。

黃德祥（民 71） 簡介一個團體諮商模式——哈德曼的父母離婚中學生的團體諮商。輔導月刊，39(1)，28～37。

黃德祥（民 76） 學校如何幫助父母離婚的兒童與青少年。諮商與輔導，第 20 期，8～12。

彭駕騂（民 78） 單親子女的輔導。教師的天地，第 43 期，臺北市教師研習中心。

劉永元（民 77） 單親兒童與正常家庭兒童人際關係，行為困擾及自我概念之比較研究。國立高雄師範學院教育研究所碩士論文。

賴念華（民 83） 成長團體中藝術媒材的介入：一個成員體驗的歷程分析。國立臺灣師範大學教育與心理輔導研究所碩士論文。

謝麗紅（民 79） 多重模式團體諮商對父母離異兒童家庭關係信念、自我觀念及行為困擾輔導效果之研究。臺灣彰化師範大學輔導研究所碩士論文。

二、英文部分

AATA (1995). *Ethical Standards for Art Therapists.* IL: American Art Therapy Association.

Advocates for Children and Youth Inc. (1990, Fall). Budget cuts take aim at easy target kids. *Newsline, 1(2).* Baltimore, MD: Author.

Albee, G. W. & Hamlin, R. M. (1949). An investigation of the reliability and validity of judgments of adjustment inferred from drawings. *Journal of Clinical Psychology, 5,* 389-392.

Alexander, K. C. (1990). Learning about feelings through classroom art activities. *Journal of Preventing School Failure, 35(1),* 29-31.

American Psychiatric Association (1994). *Diagnostic and statistical manual of mental disorders (fourth ed.).* Washington DC: Author.

Arem. C. A., & Zimmerman, B. J. (1976). Vicarrious effects on the creative behavior of retarded and non-retarded children. *Journal of Mental Deficiency, 81(3)*, 289-296.

Arkkell, R. N. (1976). Naive prediction of pathology from human figure drawings. *Journal of School Psychology, 14(2)*, 114-117.

Arnheim, R. (1984). For Margret Naumburg. *The Arts in Psychotherapy, 11*, 3-5.

Bachara, G. H., Zaba, N., & Raskin, L. M. (1975-76). Human figure drawings and LD children. *Academic Therapy, 11(2)*, 217-222.

Battle, J. (1981). *Culture-free SEI self-esteem interventories for children and adults.* Seattle, WA: Special child Publications.

Beck, H. S. (1955). A study of the applicability of the H-T-P to children with respect to the drawn house. *Journal of Clinical Psychology, 11*, 60-63.

Beekman, N. (1986). *Helping children cope with divorce: The school counselor's role.* Office of Educational Research and Improvement (ED), Washington, D. C. ERIC Document Reproduction Services: ED 279-992.

Berman, S., & Laffal, J. (1953). Body type and figure drawing. *Journal of Clinical Psychology*, 9, 368-370.

Bernard, J. M. (1978). Divorce and young children: Relationship in transition. *Elementary School Guidance and Counseling, 12(3)*, 188-197.

Birren, F. (1992). *Color psychology and color therapy.* New York: Citadel Press.

Buck, J. N. (1948). The H-T-P technique, a qualitative and quantitative scoring manual. *Journal of Clinical Psychology, 4*, 317-396.

Buck, J. N. (1950). *Administration and interpretation of the H-T-P test: Proceedings of the H-T-P workshop held at Veterans Administration Hospital, Richmond 19, Virginia, March 31, 1950*, Beverly Hills, CA: Western Psychological Services.

Buck, J. N. (1966). *The House-Tree-Person technique: Revised manual.* Beverly Hills, CA: Western Psychological Services.

Buck, J. N. (1969). The use of the H-T-P in the investigation of intrafamilial conflict. In Buck, N. J. & Hammer, E. F. (Eds.), *Advances in the House-Tree-Person technique: Variations and applications.* Los Angeles: Western Psychological Services.

Burgemeister, B. (1962). *Psychological techniques inneurological diagnosis.* New York: Hoeber-Harper.

Burke, D., & de Steek, L. V. (1989). Children of divorce: An application of Hammond's group counseling for children. *Elementary School Counseling, 24,* 112-118.

Calhoun, G., & Whitley, J. D. (1978). An investigation of the Goodenough-Harris drawing test and the (Cooper-smith) self-esteem inventory. *Educational and Psychological Measurement, 38(4),* 1229-1232.

Cantor, D. (1977), School-based groups for children of divorce. *Journal of Divorce, 3,* 183-187.

Cantrell, R. G. (1986). Adjustment to divorce: Three components to assist children. *Elmentary School Guidance and Counseling, 20(3),* 163-173.

Cassel, R. H., Johnson, A. P., & Burns, W. H. (1958). Examiner, ego defenses, and the H-T-P test. *Journal of Clinical Psychology, 14,* 157-160.

Chapin, M. L. (1980). Implication for art therapy. *American Journal of Art therapy, 19(1),* 3-9.

Coddington, R. (1972). The significance of life events as etiologic factors in the diseases of children-II. A study of normal population. *Journal of Psychometric Research, 16,* 205-213.

Cohen, F. W. & Phelps, R. E. (1985). Incest makers in children's artwork. *The Arts is Psuchotherapy, 12(4),* 265-283.

Congdon, K. G. (1990). Normalizing art therapy. *Art Education, 43(3),*

19-24, 41-43.

Cook, A., & McBride, J. (1982). Divorce: Helping children cope. *The School Counselor, 30(2)*, 89-94.

Craddick, R. A. (1963). The self-image in the Draw-a-Person Test and self-portrait drawings. *Journal of Projective Techniques, 27*, 288-291.

Corey, M. S., & Corey, G. (1987). *Group process and practice*. (3th edition). CA: Brooks/Cole.

Crosbie-Burnett, M., & Newcomer, L. L. (1989). A multimodal intervention for group counseling with children of divorce. *Elementary School Guidance & Counseling, 23*, 155-166.

Crosbie-Burnett, M., & Pulvino, C. J. (1990). Children in Nontraditional families: A classroom guidance program. *The School Counselor, 37(4)*, 286-293.

Dalley, T. (ed.) (1984). *Art as therapy: An introduction to the use of art as a therapeutic technique*. London: Tavistock/New York: Methuen.

Darrell, E., & Whealer, M. (1984). Using art therapy techniques to help underachieving seventh grade junior high school students. *The Arts in Psychotherapy, 11*, 289-292.

Davis, C. F., & Hoopes, J. H. (1975). Comparison of house-tree-person drawings of young deaf and hearing impaired children. *Journal of Personality Assessment, 39(1)*, 28-33.

de Traubenberg, N. R. (1986). Issues in the use of the Rorschach with children. In A. I. Rabin (Ed.), *Projective techniques for adolescents and children (p.5)*. New York: Springer.

Dileo, J. H. (1970). *Young children and their drawings*. New York: Brunner/Mazel.

Dileo, J. H. (1973). *Children's drawings as diagnostic aids*. New York: Brunner/Mazel.

Drake, C. T., McDougall, D. (1977). Effects of the absence of a father and other male models on the development of boys' sex roles. *Developmental Psychology, 13(5),* 537-538.

Edwards, M. (1976). Art therapy and art education: Towards a re-conciliation. *Studies in Art Education, 17(2),* 63-66.

Fahlberg, V. (1979). Attachment and separation. *Michigan Department of Social Services,* 41-49.

Fukada, N. (1969). Japanese Children's tree drawings, In Buck, J. N. & Hammer, E. F. (Eds.), *Advances in the House-Tree-Person techniques: Variations and applications.* Los Angles: Western Psychological Services.

Fulton, J. A. (1979). Parental reports of Children's post-divorce adjustment. *Journal of Social Issue, 35(4),* 126-139.

Gair, S. B. (1975). An art-based remediation program for children with learning disabilities. *Studies in Art Education, 17(1),* 55-67.

Goldstein, J., Freud, A., & Solnit, A. J. (1973). *Beyond the best interests of the child.* New York: The Free Press.

Gonik, R., & Gold, M. (1992). Fragile attachments: Expressive arts therapies with children in foster care. *The Arts in Psychotherapy, 18,* 433-440.

Graham, S. R. (1956). A study of reliability in human figure drawings. *Journal of Projective Techniques, 20,* 385-386.

Green, B. J. (1978). Helping children of divorce: a multimodal approach. *Elementary School Guidance and Counseling, 13(1),* 31-45.

Greene, J. C., & Hasselbring, T. S. (1981). The acquisition of language concepts by hearing impaired children through selected aspects of an experimental core art curriculum. *Studies in Art Education, 22(2),* 32-37.

Guidubaldi, J., & Perry, J. (1984). Divorce, socioeconomic status, and children's cognitive-social competence at school entry. *American Jour-*

nal of Orthopsychiatry, 54, 459-468.

Guidubaldi, J., & Perry, J. (1985). Divorce and mental health sequelae for children: A two-year follow-up of a nation wide sample. *Journal of the American Academy of child Psychiatry, 24,* 531-537.

Hammer, E. F. (1958). *The clinical application of projective drawings.* Springfield, IL: Thomas.

Hammer, E. F. (1969). Hierarchial organization of personality and the H-T-P, achromatic and chromatic. In Buck, J. N. & Hammer, E. F. (Eds), *Advances in the House-Tree-Person techniques: Variations and applications.* Los Angeles: Western Psychological Services.

Hammond, J. M. (1979). Children of divorce: A study of self concept, academic achievement, and attitudes. *Elementary School Journal, 880,* 55-62.

Hammond, J. M. (1979). Children of divorce: Implications for counselors. *The School counselor, 27(1),* 7-14.

Hammond, J. M. (1981). Lost of the family unit: Counseling groups to help kids. *The Personnel and Guidance Journal, 59(6),* 392-394.

Harris, D. B. (1963). *Children's drawings as measures of intellectual maturity.* New York: Harcourt, Brace & World.

Hetherington, E. M., Cox, M., & Cox, R. (1979). Play and social interaction in children. *Journal of social issues, 35(4),* 26-47.

Hodges, W. F., Buchsbaum, H. K., & Tierney, C. W. (1983). Parent children relationships and adjustment in pre-school children in divorced and intact families. *Journal of Divorce, 7(2),* 43-57.

Hodges, W. F. (1986). *Interventions for children of divorce.* New York: A Wiley-Interscience Publication.

Hozman, T. L., & Froiland, D. J., (1977). Children: forgotten in divorce. *Personnel and Guidance Journal, 55(9),* 530-533.

Irwin, E. C. (1984). The role of the arts in mental health. *Design for Arts in Education, 86(1)*, 43-47.

Isaacs, L. D. (1977). Art-therapy group for latency age children. *Social Work, 22(1)*, 56-59.

Jacks, I. (1969). The clinical application of the H-T-P in criminological settings. In Buck, J. N. & Hammer, E. F. (Eds), *Advances in the House-Tree-Person techniques: Variations and Applications*. Los Angeles: Western Psychological Services.

James, B. (1990). *Treating traumatized children: New insights and creative interventions*. Lexington, MA: Lexington Books.

Jolles, I. (1952). A study of the validity of some hypotheses for the qualitative interpretation of the H-T-P for children of elementary school age: II. The "phallic tree" as an indicator of psychosexual conflict. *Journal of Clinical Psychology, 8*, 245-255.

Jolles, I. (1964). *A cataloque for the qualitative interpretation of the H-T-P. (revised)*. Beverly Hills, CA: Western Psychological Services.

Johnson, F. A., & Greenberg, R. P. (1978). Quality of drawing as a factor in the interpretation of figure drawings. *Journal of Personality Assessment, 42(5)*, 489-495.

Kalter, N., Riemer, B., Brickman, A., & Chen, J. (1985). Implications of parental divorce for female development. *Journal of the American Academy of Child Psychiatry, 24*, 538-544.

Kamano, D. K. (1960). An investigation on the meaning of human figure drawing. *Journal of Clinical Psychology, 16*, 429-430.

Kaplan, H. I., & Sadock, B. J. (1988). Synopsis of pschiatry. Baltimote, MD: Williams & Wilkins.

Katie, W. (1985). Teaching art to learning disabled high school students: Learning disabilities and creative art therapies. *Journal of Reading, Writ-*

ing, and Learning Disabilities, 1(3), 52-54.

Kelly, R. & Berg, B. (1978). Measuring children's reactions to divorce. *Journal of Orthopsychiatry, 47(1)*, 4-22.

Kelly, J. B., & Wallerstein, J. S., (1977). Divorce counseling: a community service for families in the midst of divorce. *American Journal of Orthopsychiatry, 47(1)*, 4-22.

Kelly, J. B. & Wallerstein, J. S. (1977). Brief interventions with children in divorce families. *American Journal of Orthopsychiatry, 47*, 23-39.

Kinard, E. M. & Reinherz, H. (1986). Effect of marital disruption on children's school apptitude and achievement. *Journal of Marriage and the Family, 48*, 285-293.

Koch, C. (1952). *The Tree Test.* New York: Grune & Stratton.

Kohut, H. (1971). *The analysis of the self.* New York: International University Press.

Koppitz, E. M. (1968). *Psychological evaluation of children's human figure drawings.* Yorktown Heights, NY: Psychological Corporation.

Kramer, E., Levy, C. A., & Gardneer, K. (tributes) (1992). Elinor Ulman (1910-1991). *American Journal of Art Therapy, 30(3)*, 67-70.

Kuhlman, T. L., & Bieliauskas, V. J. (1976). A comparison of black and white adolescents on the HTP. *Journal of Clinical Psychology, 32(3)*. 728-731.

Kurdek, L. A. (1981). An integrative perspective on children's adjustment. *American Psychologist, 36(8)*, 856-866.

Kurdek, L. A., & Berg, B. (1987). Children's Beliefs about Parental Divorce Scale: Psychometric Characteristics and Concurrent Validity. *Journal of Consulting and Clinical Psychology, 55(5)*, 712-718.

Landisburg, S. (1953). Relationship of the Rorschach to the H-T-P. *Journal of Clinical Psychology, 9*, 179-183.

Landisburg, S. (1958). Relationship of the Rorschach to projective draw-ings. In Hammer, E. F. (Ed.), *The clinical application of projective drawings*. Springfield, IL: Thomas.

Levick, M. (1983). *They could not talk and so they drew*. Springfield, IL: Chales C Thomas.

Levick, M., Safran, D., & Levine, A. (1990). Art therapists as expert wit-nesses: A judge delivers a precedent-setting decision. *The Arts in Psychotherapy, 17(1)*, 49-54.

Levine, A. & Sapolsky, A. (1969). The use of the H-T-P as aid in the screening of hospitalized patients. In Buck, J. N. & Hammer, E. F. (Eds.), *Advances in the House-Tree-Person technique: Variations and ap-plications*. Los Angeles: Western Psychological Services.

Levitin, T. E. (1979). Children of divorce: An introduction. *Journal of Social Issue, 35(4)*, 1-25.

Lewis, W. (1986). Strategic intervention with children of single-parent families. *The School Counselor*, 375-378.

Lewis, S. (1990). A place to the art therapy and community-based rehabilita-tion. In M. F. Liebmann, *Art therapy in practice*. London: Jassica Kingsley.

Liebmann, M. F., (1986). *Art therapy for groups*. London: Croom Helm.

Liebmann, M. F. (ed.) (1990). *Art therapy in practice*. London: Jassica Kingsley.

Lowenfeld, V., & Brittain, W. L. (1987). *Creative and mental growth*. (8th ed.). New York: Macmillan.

Lu, L. (1991). La pintura Senso-Sonora: Teorias, estudio empirico e implicaciones terapeuticas. Madrid: Editorial de la Universidad Complutense de madrid.

Ludwig, D. J. (1969). Self-perception and the Draw-a-Person Test. *Journal of Projective Techniques and Personality Assessment, 33,* 257-261.

Lusebrink, V. B. (1990). *Imagery and visual expression in therapy.* New York: Plenum Press.

Lusebrink, V. B. (1992). A system oriented approach to the expressive therapies: The Expressive Therapies Continuum. *The Arts in Psychotherapy, 18(5),* 395-403.

Lyons, S. (1993). Art therapy evaluations of children in custody disputes. *The Arts in Psychotherapy, 20,* 153-159.

Magnab, P. R. (1978). For the sake of the children: A review of the psychological effects of divorce, *Jouranl of Divorce, 1,* 233-245.

Marzolf, S. S. & Kirchner, J. H. (1970). Characteristics of House- Tree-Person drawings by college men and women. *Journal of Projective Techniques and Personality Assessment, 36,* 138-145.

Malchiodi, C. (1990). *Breaking the silence: Art therapy with children from violent homes.* New York: Brunner/Mazel.

Miler, S. R., Sabatino, D. A., & Miller, T. L. (1977). Influence of training in visual perceptual discrimination on drawings by children. *Perceptual and Motor Skills, 44(2),* 479-287.

Mundy, J. (1972). The use of projective techniques with children. In Wolman, B. B. (Ed.), *Manual of child psychopathology.* New York: McGraw-Hills.

Musick, P. L. (1977). *Interdisciplinary study of creativity and behavior: Special child development.* Houston, TX: University of Houston at Clear Lake City. ERIC Document Reproduction Service, Ed 146-750.

Naumburg, M. (1966). *Dynamically oriented art therapy: Its principles and practices.* New York: Grune & Stratton.

Neade, E. L., & Rosal, M. L. (1993). What can art therapists learn from the research on projective drawing techniques for children? A review of the literature. *The Arts in Psychotherapy, 20(1)*, 37-49.

Nucho, A. O., (1987). *The psychocybernetic model of art therapy*. New York: Thomas Books.

Ogdon, D. P. (1986). *Psychodiagnostics and personality assessment: A handbook*. Los Angeles, CA: Western Psychological Services.

Omizo, M. M., & Omizo, S. A. (1988). Intervention through art. *Academic therapy, 24(1)*, 103-106.

Omizo, M. M., & Omizo, S. A. (1989). Art activities to improve self-esteem among native Hawaiian children. *Journal of Humanistic Education and Development, 27(4)*, 67-76.

Ouellette, S. E. (1988) The use of projective drawing techniequs in the personality assessment of prelingually deafened young adults: A pilot study. *American Annal of the Deaf, 133(3)*, 212-218.

Parish, T. S., & Wigle, S. E. (1985). A longitudinal study of the impact of parental divorce on adolescence' evaluation of self and parents. *Adolescence, 20*, 239-245.

Pearson, S. L., Walker, K. K., Martinek-Smith., Knapp, N. M., & Weaver, K. A. (1996) American Art Therapy Association, Inc: The results of the 1994-1995 membership survey. *Art Therapy, 13(2)*, 121-125.

Pedro-Carroll, J. L., & Cowen, E. L., (1985). The children of divorce intervention program: an investigation of the efficacy of a school - based program. *Journal of Counseling and Clinical Psychology, 53(5)*, 603-611.

Pinholster, R. T. (1983). From dark to light: The use of drawing to counsel nonverbal children. *Elementary School Guidance and Counseling, 17(4)*, 268-273.

Politsky, R. H. (1995). Penetrating our personal symbols: Discovering our guiding myths. *The Arts in Psychotherapy, 22(1)*, 9-20.

Raskin, L. M., & Bloom, A. S. (1979). Kinetic family drawings by children with disabilities. *Journal of Pediatric Psychology, 4(3)*, 247-251.

Rhyne, J. (1973). *The gestalt art experience*. Montercy, CA: Brooks/Cole.

Rosenthal, K. (1987). Rituals of undoing in abused and neglected children. *Child and Adolescent Social work, 4*, 78-88.

Roussos, E. (1983). The therapeutic use of art to increase trust in troubled youth. *Pointer, 27(3)*, 46-47.

Rubin, L., & Price, J. (1979). Divorce and its effects on children. *Journal of School Health, 49*, 522-555.

Ruthstrus, G. & Eoline, K. (1979). Something to sing about. *Childhood Education, 55(3)*, 141-147.

Saucier, J., & Ambert. (1983). Parental marital status and adolescents' health-risk behaviors. *Adolescence, 118*, 403-411.

Scherman, A., & Lepak, Jr. L. (1986). Children's perceptions of the divorce process, *Elementary School Guidance & Counseling, 21 (1)*, 29-35.

Schetky, D., & Benedek, E. (1992). *Clinical handbook of child psychiatry and the law*. Baltimore, MD: Williams & Wilkins.

Schoette, U., & Cantwell, D. (1980). Children of divorce demographic variables, symptoms, and diagnosis. *Journal of the American Academy of Child Psychiatry, 19*, 453-475.

Schubert, D. S. P. (1969). Decrease of rated adjustment on repeat DAP tests apparently due to lower motivation. *Journal of Projective Techniques and Personality Assessment*, 33-34.

Shaw, B. A. (1978). Obsessional defenses and reading disabilities in adolescence as seen through art therapy. *Art Psychotherapy, 5(2)*, 61-69.

Shinn, M. (1978). Father absence and children's cognitive development. *Psychological Bulletin, 85(2)*, 295-324.

Silver, R. A. (1975). *Using art to evaluate and develop cognitive skills*. New

Rochelle, NY: College of New Rochelle. ERIC Document Reproduction Service, ED 116-401.

Silver, R. A., & Lavin, C. (1977). The role of art in developing and evaluating cognitive skills. *Journal of Learning Disabilities, 17(7),* 416-424.

Smith, M. (1980). The social consequences of single parenthood: A longitudinal perspective. *Family Relations, 29,* 75-81.

Sonnenshein-Schneider, M., & Baird, K. L. (1980). Group counseling of children of divorce in the elementary school: Understanding process and technique. *The Personnel and Guidance Journal, 59(2),* 88-91.

Steinhardt, L. (1993). Children in art therapy as abstract expressionist painters. *American Journal of Art Therapy, 31(4),* 113-120.

Soutter, A. (1994). A Comparison of Children's drawings from Ireland and Oman. *Irish Journal of Psychology, 15(4),* 587-594.

Stewart, G. (1984). The draw a story game: An aid in understanding and working with children. *The Arts in Psychotherapy, 11,* 187-196.

Strumpfer, D. J. W. (1963). The relation of Draw-a-Person test variables to age and chronicity in psychotic groups. *Journal of Clinical Psychology, 19,* 208-211.

Swartzberg, L., Shmukler, D., & Chalmers, B. (1983). Emotional adjustment and self-concept of children from divorced and nondivorced unhappy homes. *The Journal of Social Psychology, 121,* 305-312.

Swensen, C. H. (1968). Empirical evaluations of human figure drawings: 1957-1966. *Psychological Bulletin, 70,* 20-44.

Tedder, S. L., Libbee, K. M., & Scherman, A. (1981). A community support group for single custodial father. *The Personnel and Guidance Journal, 10,* 115-119.

Thompson, C. L., & Rudolph, L. B. (1988). *Group counseling with children.* In counseling children (pp. 257-395). Second edition. CA: Brooks/Cole.

Ulman, E., Kramer, E., & Kwiatkowska, H. (1978). *Art therapy in the United States.* Cradtburry Common, VF: Art Therapy Publications.

Wadeson, H. (1980). *Art Psychotherapy.* New York: John Wily & sons.

Wadeson, H. (1987). *Dynamics of art psychotherapy.* New York: John Wiley.

Wadeson, H., & Epstein, R. (1976) Intrapsychic effect of amphetamine in hyperkinesis. *Mental Health in Children, 4,* 35-60.

Walker, B. C. (1980). The relative effects of paintings and grossmotor activities on the intrinsic locus of control of hyperactivity in learning disabled elementary school pupils. *Studies in Art Education, 21(2),* 13-21.

Wallerstein, J. S. & Bundy, M. L. (1984). Helping children of disrupted families: An interview with Judith S. Wallerstein. *Elementary School Guidance & Counseling, 19,* 19-29.

Westman, J. (1983). The impact of divorce on teenagers. *Clinical Pediatrics, 22,* 692-697.

White, K., & Allen, R. (1971). Art counseling in an educational setting: Self-concept change among pre-adolescent boys. *Journal of School Psychology, 9(2),* 218-225.

Wilkenson, G. S., & Bleck, R. T. (1977). Children's divorce groups. *Elementary School Guidance & Counseling, 2,* 205-211.

Williams, K. J. (Obituary) (1992). Elinor Ulman (1910-1991). *American Journal of Art Therapy, 30(3),* 66.

Wolk, R. L. (1969). Projective drawings (H-T-P) of aged people. In Buck, N. J. & Hammer, E. F. (Eds.), *Advances in the House-Tree-Person technique: Variations and applications.* Los Angeles: Western Psychological Services.

Wood, N. C. (1977). Directed art, visual perception, and learning disabilities. *Academic Therapy, 12(4),* 455-462.

Yalom, I. D. (1985). *The theory and practice of group psychotherapy* (3rd ed.). New York: Basic Books.

Zakariya, S. (1982). Another look at the children of divorce: Summary report of the study of school needs of the one parent children. *Principal, 62*, 34-37.

附 · · 錄

附錄一　美國藝術治療學會倫理法規（英文）

附錄一：美國藝術治療學會倫理法規（英文）

AMERICAN ART THERAPY ASSOCIATION, INC.

1202 Allanson Road, Mundelein, Illinois 60060　(708) 949-6064　FAX: (708) 566-4580

Ethical Standards for Art Therapists
Part I

The Board of Directors of the American Art Therapy Association (AATA) hereby promulgate, pursuant to Article 8, Sections 1, 2, and 3 of the Association Bylaws, a Revised Code of Ethical Standards for Art Therapists. Members of AATA abide by these standards and by applicable state laws and regulations governing the conduct of art therapists and any additional license or certification which the art therapist holds.

STANDARDS

1.0　RESPONSIBILITY TO PATIENTS

Art therapists shall advance the welfare of all patients, respect the rights of those persons seeking their assistance, and make reasonable efforts to ensure that their services are used appropriately.

1.1　Art therapists shall not discriminate against or refuse professional service to anyone on the basis of race, gender, religion, national origin, age, sexual orientation or disability.

1.2　At the outset of the patient-therapist relationship, art therapists shall discuss and explain to patients the rights, roles, expectations, and limitations of the art therapy process.

1.3　Where the patient is a minor, any and all disclosure or consent required hereunder shall be made to or obtained from the parent or legal guardian of the minor patient, except where otherwise provided by state law. Care shall be taken to preserve confidentiality with the minor patient and to refrain from disclosure of information to the parent or guardian which might adversely affect the treatment of the patient.

1.4　Art therapists shall respect the rights of patients to make decisions and shall assist them in understanding the consequences of these decisions. Art therapists shall advise their patients that decisions on the status of therapeutic relationships is the responsibility of the patient. It is the professional responsibility of the art therapist to avoid ambiguity in the therapeutic relationship and to ensure clarity of roles at all times.

1.5　Art therapists shall not engage in dual relationships with patients. Art therapists shall recognize their influential position with respect to patients, and they shall not exploit the trust and dependency of such persons. A dual relationship occurs when a therapist and patient engage in separate and distinct relationship(s) or when an instructor or supervisor acts as a therapist to a student or supervises either simultaneously with the therapeutic relationship, or less than two (2) years following termination of the therapeutic relationship. Some examples of dual relationships are borrowing money from the patient, hiring the patient, engaging in a business venture with the patient, engaging in a close personal relationship with the patient, or engaging in sexual intimacy with a patient.

1.6　Art therapists shall take appropriate professional precautions to ensure that their judgment is not impaired, that no exploitation occurs, and that all conduct is undertaken solely in the patient's best interest.

1.7　Art therapists shall not use their professional relationships with patients to further their own interests.

1.8　Art therapists shall continue a therapeutic relationship only so long as it is reasonably clear that the patient is benefiting from the relationship. It is unethical to maintain a professional or therapeutic relationship for the sole purpose of financial remuneration to the art therapist or when it becomes reasonably clear that the relationship or therapy is not in the best interest of the patient.

1.9　Art therapists shall not engage in therapy practices or procedures that are beyond their scope of practice, experience, training and education. Art therapists shall assist persons in obtaining other therapeutic services if the therapist is unable or unwilling, for appropriate reasons, to provide professional help, or where the problem or treatment indicated is beyond the scope of practice of the art therapist.

1.10　Art therapists shall not abandon or neglect patients in treatment. If the art therapist is unable to continue to provide professional help, the art therapist will assist the patient in making reasonable, alternative arrangements for continuation of treatment.

2.0　CONFIDENTIALITY

Art therapists shall respect and protect confidential information obtained from patients in conversation and/or through artistic expression.

2.1　Art therapists shall treat patients in an environment that protects privacy and confidentiality.

2.2　Art therapists shall protect the confidentiality of the patient therapist relationship in all matters.

2.3　Art therapists shall not disclose confidential information without patient's explicit written consent unless there is reason to believe that the client or others are in immediate, severe danger to health or life. Any such disclosure shall be consistent with state and federal laws that pertain to welfare of the patient, family, and the general public.

2.4　In the event that an art therapist believes it is in the interest of the patient to disclose confidential information, he/she shall seek and obtain written authorization from the patient or patient's guardian(s), before making any disclosures.

2.5　Art therapists shall disclose confidential information when mandated by law in a civil, criminal, or disciplinary action arising from the art therapy. In these cases patient confidences may only be disclosed as reasonably necessary in the course of that action.

2.6　Art therapists shall maintain patient treatment records for a reasonable amount of time consistent with state regulations and sound clinical practice, but not less than seven years from completion of treatment or termination of the therapeutic relationship. Records are stored or disposed of in ways that maintain confidentiality.

3.0 PUBLIC USE AND REPRODUCTION OF PATIENT ART EXPRESSION AND THERAPY SESSIONS

Art therapists shall not make or permit any public use or reproduction of the patients' art therapy sessions, including dialogue and art expression, without express written consent of the patient.

3.1 Art therapists shall obtain written informed consent from the patient or, where applicable, a legal guardian before photographing patients' art expressions, video taping, audio recording, or otherwise duplicating, or permitting third party observation of art therapy sessions.

3.2 Art therapists shall only use clinical materials in teaching, writing, and public presentations if a written authorization has been previously obtained from the patients. Appropriate steps shall be taken to protect patient identity and disguise any part of the art expression or video tape which reveals patient identity.

3.3 Art therapists shall obtain written, informed consent from the patient before displaying patient's art in galleries, in mental health facilities, schools, or other public places.

3.4 Art therapists may display patient art expression in an appropriate and dignified manner only when authorized by the patient in writing.

4.0 PROFESSIONAL COMPETENCE AND INTEGRITY

Art therapists shall maintain high standards of professional competence and integrity.

4.1 Art therapists shall keep informed and up-dated with regard to developments in their field through educational activities and clinical experiences. They shall also remain informed of developments in other fields in which they are licensed or certified, or which relate to their practice.

4.2 Art therapists shall diagnose, treat, or advise on problems only in those cases in which they are competent as determined by their education, training and experience.

4.3 Art therapists shall not provide professional services to a person receiving treatment or therapy from another professional, except by agreement with such other professional, or after termination of the patient's relationship with the other professional.

4.4 Art therapists, because of their potential to influence and alter the lives of others, shall exercise special care when making public their professional recommendations and opinions through testimony or other public statements.

4.5 Art therapists shall seek appropriate professional consultation or assistance for their personal problems or conflicts that may impair or affect work performances or clinical judgment.

4.6 Art therapists shall not engage in any relationship with patients, students, interns, trainees, supervisees, employees or colleagues that is exploitive by its nature or effect.

4.7 Art therapists shall not distort or misuse their clinical and research findings.

4.8 Art therapists shall be in violation of this Code and subject to

termination of membership or other appropriate actions if they: a) are convicted of a crime substantially related to or impacting upon their professional qualifications or functions; b) are expelled from or disciplined by other professional organizations; c) have their license(s) or certificate(s) suspended or revoked or are otherwise disciplined by regulatory bodies; d) continue to practice when impaired due to medical or mental causes or the abuse of alcohol or other substances that would prohibit good judgment; or e) fail to cooperate with the American Art Therapy Association or the Ethics Committee, or any body found or convened by them at any point from the inception of an ethical complaint through the completion of all proceedings regarding that complaint.

5.0 RESPONSIBILITY TO STUDENTS AND SUPERVISEES

Art therapists shall instruct their students using accurate, current, and scholarly information and will, at all times, foster the professional growth of students and advisees.

5.1 Art therapists as teachers, supervisors and researchers shall maintain high standards of scholarship and present accurate information.

5.2 Art therapists shall be aware of their influential position with respect to students and supervisees and they shall avoid exploiting the trust and dependency of such persons. Art therapists, therefore, shall not engage in a therapeutic relationship with their students or supervisees. Provision of therapy to students or supervisees is unethical.

5.3 Art therapists shall not permit students, employees or supervisees to perform or to hold themselves out as competent to perform professional services beyond their education, training, level of experience or competence.

5.4 Art therapists who act as supervisors shall be responsible for maintaining the quality of their supervision skills and obtain consultation or supervision for their work as supervisors whenever appropriate.

6.0 RESPONSIBILITY TO RESEARCH PARTICIPANTS

Researchers shall respect the dignity and protect the welfare of participants in research.

6.1 Researchers shall be aware of federal and state laws and regulations and professional standards governing the conduct of research.

6.2 Researchers shall be responsible for making careful examinations of ethical acceptability in planning studies. To the extent that services to research participants may be compromised by participation in research, investigators shall seek the ethical advice of qualified professionals not directly involved in the investigation and shall observe safeguards to protect the rights of research participants.

6.3 Researchers requesting participants' involvement in research shall inform them of all aspects of the research that might reasonably be expected to influence willingness to participate. Investigators shall be especially sensitive to the possibility of diminished consent when participants are also receiving clinical services, have impairments which limit understanding and/or communication, or when participants are children.

6.4 Researchers shall respect participants' freedom to decline participation in or to withdraw from a research study at any time. This obligation requires special thought and consideration when investigators or other members of the research team are in positions of authority or influence over participants. Art therapists, therefore, shall avoid dual relationships with research participants.

6.5 Information obtained about a research participant during the course of an investigation shall be confidential unless there is an authorization previously obtained in writing. When there is a risk that others, including family members, may obtain access to such information, this risk, together with the plan for protecting confidentiality, is to be explained as part of the procedure for obtaining informed consent.

7.0 RESPONSIBILITY TO THE PROFESSION
Art therapists shall respect the rights and responsibilities of professional colleagues and participate in activities which advance the goals of art therapy.

7.1 Art therapists shall adhere to the standards of the profession when acting as members or employees of organizations.

7.2 Art therapists shall attribute publication credit to those who have contributed to a publication in proportion to their contributions and in accccordance with customary professional publication practices.

7.3 Art therapists who author books or other materials which are published or distributed shall appropriately cite persons to whom credit for orignial ideas is due.

7.4 Art therapists who author books or other materials published or distributed by an organization shall take reasonable precautions to ensure that the organization promotes and advertises the materials accurately and factually.

7.5 Art therapists shall recognize a responsibility to participate in activities that contribute to a better community and society, including devoting a portion of their professional activity to services for which there is little or no financial return.

7.6 Art therapists shall assist and be involved in developing laws and regulations pertaining to the field of art therapy which serve the public interest and with changing such laws and regulations that are not in the public interest.

7.7 Art therapists shall cooperate with the Ethics Committee of the American Art Therapy Association, Inc. and truthfully represent and disclose facts to the Ethics Committee when requested or when necessary to preserve the integrity of the art therapy profession.

7.8 Art therapists shall endeavor to prevent distortion, misuse or suppression of art therapy findings by any institution or agency of which they are employees.

8.0 FINANCIAL ARRANGEMENTS
Art therapists shall make financial arrangements with patients, third party payers and supervisees that are understandable and conform to accepted professional practices.

8.1 Art therapists shall not offer or accept payment for referrals.

8.2 Art therapists shall not exploit their patients financially.

8.3 Art therapists shall disclose their fees at the commencement of services and give reasonable notice of any changes in fees.

8.4 Art therapists shall represent facts truthfully to patients, third party payers and supervisees regarding services rendered and the charges therefore.

9.0 ADVERTISING
Art therapists shall engage in appropriate informational activities to enable lay persons to choose professional services on an informed basis.

9.1 Art therapists shall accurately represent their competence, education, training and experience relevant to their professional practice.

9.2 Art therapists shall assure that all advertisements and publictions, whether in directories, announcement cards, newspapers, or on radio or television are formulated to accurately convey in a dignified and professional manner, information that is necessary for the public to make an informed, knowledgeable decision.

9.3 Art therapists shall not use a name which is likely to mislead the public concerning the identity, responsibility, source and status of those under whom they are practicing, and shall not hold themselves out as being partners or associates of a firm if they are not.

9.4 Art therapists shall not use any professional identification (such as a business card, office sign, letterhead, or telephone or association directory listing) if it includes a statement or claim that is false, fraudulent, misleading or deceptive. A statement is false, fraudulent, misleading or deceptive if it: a) fails to state any material fact necessary to keep the statement from being misleading; b) is intended to, or likely to, create an unjustified expectation or, c) contains a material misrepresentation of fact.

9.5 Art therapists shall correct, whenever possible, false, misleading, or inaccurate information and representations made by others concerning the therapist's qualifications, services or products.

9.6 Art therapists shall make certain that the qualifications of persons in their employ are represented in a manner that is not false, misleading or deceptive.

9.7 Art therapists may represent themselves as specializing within a limited area of art therapy only if they have the education, training and experience which meet recognized professional standards to practice in that specialty area.

9.8 AATA credentialed professional. professional, associate and other members in good standing may identify such membership in AATA in public information or advertising materials, but they must clearly and accurately represent the membership category to which they belong.

9.9 Art therapists shall not use the initials A.T.R.® and/or A.T.R.-BC following their name unless they are officially notified in writing by the Art Therapy Credentials Board, Inc. that they have successfully completed all applicable registration or certification procedures. Art therapists may not use the initials "AATA" following their name like an academic degree.

9.10 Art therapists may not use the AATA initials or logo without receiving written permission from the Association.

10.0 INDEPENDENT PRACTITIONER
DEFINITION: The Independent Practitioner of Art Therapy is a Credentialed Professional Member of the American Art Therapy Association, Inc. (AATA) who is practicing art therapy independently

and who is responsible for the delivery of services to patients where the patient pays the clinician directly or through insurance for art therapy service rendered.

GUIDELINES:

10.1   Independent practitioners of art therapy shall maintain Registration with Art Therapy Credentials Board, Inc. (ATCB) and shall have in addition to their Registration at least two full years of full-time practice or 3,000 hours of paid clinical art therapy experience.

10.2   Independent practitioners of art therapy shall obtain qualified medical or psychological consultation for cases in which such evaluation and/or administration of medication is required.   Art therapists shall not provide services other than art therapy unless licensed to provide such other services.

10.3   Independent practitioners of art therapy must conform to relevant federal, state and local government statutes which pertain to the provision of independent mental health practice.   (Laws vary from state to state.)   It is the sole responsibility of the independent practitioner to conform to these laws.

10.4   Independent practitioners of art therapy shall confine their practice within the limits of their training.   The art therapist shall neither claim nor imply professional qualifications exceeding those actually earned and received by them.   The therapist is responsible for avoiding and/or correcting any misrepresentation of these qualifications.   Art therapists must adhere to state laws regarding independent practice and licensure, as applicable.

ENVIRONMENT:

11.0   Independent practitioners of art therapy must provide a safe, functional environment in which to offer art therapy services.   This includes:

a. proper ventilation.

b. adequate lighting.

c. access to water supply.

d. knowledge of hazards or toxicity of art materials and the effort needed to safeguard the health of clients.

e. storage space for art projects and secured areas for any hazardous materials.

f. monitored use of sharps.

g. allowance for privacy and confidentiality.

h. compliance with any other health and safety requirements according to state and federal agencies which regulate comparable businesses.

REFERRAL AND ACCEPTANCE:

12.0   Independent practitioners of art therapy, upon acceptance of a patient, shall specify to patients their fee structure, payment schedule, session scheduling arrangements, and information pertaining to the limits of confidentiality and the duty to report.

TREATMENT PLANNING:

13.0   Independent practitioners of art therapy shall design treatment plans:

a. to assist the patient in attaining maintenance of the maximum level of functioning and quality of life appropriate for each individual.

b. in compliance with federal, state, and local regulations and any licensure requirements governing the provision of art therapy services in the state.

c. that delineate the type, frequency and duration of art therapy involvement.

d. that contain goals that reflect the patient's current needs and strengths.   When possible, these goals are formulated with the patient's understanding and permission.

e. provide for timely review, modification and revision.

DOCUMENTATION:

14.0   Independent practitioners of art therapy shall document activity with patients so that the most recent art therapy progress notes reflect the following:

a. current level of functioning.

b. current goals of treatment plan.

c. verbal content of art therapy sessions relevant to client behavior and goals.

d. graphic images relevant to client behavior and goals. echanges in affect, thought process, and behavior.

e. no change in affect, thought process, and behavior.

f. suicidal or homicidal intent or ideation.

14.1   Upon termination of the therapeutic relationship, independent practitioners of art therapy shall write a discharge/transfer summary that includes the patient's response to treatment and future treatment recommendations.

TERMINATION OF SERVICES:

15.0   Independent practitioners of art therapy shall terminate art therapy when the patient has attained stated goals and objectives or fails to benefit from art therapy services.

15.1   Independent practitioners of art therapy shall communicate the termination of art therapy services to the patient.

All communications concerning ethical grievances shall be conducted in writing and sent to the American Art Therpay Association, Inc., 1202 Allanson Road, Mundelein, Illinois, 60060 in care of the Ethics Committee Chairperson.   This correspondence must be labeled Confidential - Do Not Open on both sides of the envelope.   All such communications will be forwarded unopened, to the Ethics Committee Chairperson.

Certain portions of these Ethical Standards are adapted from the American Association for Marriage and Family Therapy Code of Ethics (1991) with their permission.

Effective Date:

Print date 10/95

附錄二　兒童藝術治療成長團體基本資料表

＊本會對各項資料絕對保密，煩請詳填資料。

填寫日期：＿＿＿年＿＿＿月＿＿＿日

一、基本資料

(1)學員姓名：＿＿＿＿＿＿＿＿＿＿

(2)性別：□男　　　□女

(3)出生日期：＿＿＿年＿＿＿月＿＿＿日

(4)目前就讀：＿＿＿＿＿小學＿＿＿年級；＿＿＿＿＿國中＿＿＿年級

(5)父母親教育程度：

父：□未就學　□小學　□國中　□高中、職　□專科、大學
　　□碩士以上

母：□未就學　□小學　□國中　□高中、職　□專科、大學
　　□碩士以上

(6)父親目前職業：＿＿＿＿＿＿＿＿　職稱：＿＿＿＿＿＿

母親目前職業：＿＿＿＿＿＿＿＿　職稱：＿＿＿＿＿＿

(7)居住情形：

□與父同住　□與母同住　□與親友同住 稱謂：＿＿＿＿＿
□其他＿＿＿＿＿

(8)排行順序：

排行：＿＿＿

兄：＿＿＿人　姊：＿＿＿人　弟：＿＿＿人　妹：＿＿＿人

附錄三　作品授權同意書

ART兒童藝術治療成長團體

我，＿＿＿＿＿＿＿＿，同意將我子女＿＿＿＿＿＿＿＿的藝術作品授權給陸雅青博士供她作藝術治療方面的研究參考。

陸博士目前是台北市市立師範學院美勞系副教授。

我了解我子女的作品將透過言辭或出版以進一步開拓藝術治療之領域。

我更知道我子女的身份將被保密，而其作品僅供藝術治療方面的討論之用。

簽　　　　　　名
＿＿＿＿＿＿＿＿＿＿＿

年　　　月　　　日
＿＿＿＿＿＿＿＿＿＿＿
日　　　　　　期

陸雅青

附錄四 攝影、錄音、錄影同意書

ART 兒童藝術治療成長團體

我，＿＿＿＿＿＿＿＿，同意我子女＿＿＿＿＿＿＿＿在此團體過程中接受攝影、錄影、錄音，供陸雅青博士做為藝術治療方面的研究參考。

陸博士為台北市市立師範學院美勞系副教授，目前正進行有關藝術治療的相關研究。

我了解我子女的照片、錄影帶及錄音帶，若要透過言辭或出版以進一步開拓藝術治療之領域時，他（她）的身份將被保密，而其在團體過程中所談的內容，僅供藝術治療方面的研究、討論之用。

簽		名
年	月	日
日		期

陸雅青

曹氏全人發展諮商中心

附錄五　H-T-P測驗結果評量表

　　親愛的評分者，請您就本人於每位成員 H-T-P 測驗的評估結果予以評分。（請圈選）

	非常不同意				非常同意
成員 1	1	2	3	4	5
成員 2	1	2	3	4	5
成員 3	1	2	3	4	5
成員 4	1	2	3	4	5
成員 5	1	2	3	4	5
成員 6	1	2	3	4	5
成員 7	1	2	3	4	5
成員 8	1	2	3	4	5

謝謝您在百忙中抽空幫忙。　　　　　　　　　　陸雅青　敬上

附錄六 H-T-P 測驗情感特質評量表

親愛的評分者，您好！

　　就請成員七的 H-T-P 測驗，評量其在下列九項特質中的表達程度。（前測打√，後測打○）

	不明顯				非常明顯
1. 焦慮 anxiety	1	2	3	4	5
2. 攻擊性 aggression	1	2	3	4	5
3. 不安全感 insecurity	1	2	3	4	5
4. 易衝動性 impulsivity	1	2	3	4	5
5. 自我中心 egocentricity	1	2	3	4	5
6. 依賴性 dependency	1	2	3	4	5
7. 退縮 withdrawal	1	2	3	4	5
8. 不適感 feelings of inadequacy	1	2	3	4	5
9. 沮喪 depression	1	2	3	4	5

謝謝您的支持，祝工作愉快！　　　　　　　　陸雅青　敬上

附錄七　兒童藝術治療成長團體結束後成員意見表

姓名：

日期：

　　親愛的小朋友，請你把參加團體後所感受到的心得，填寫在題目下面的空白處，以作爲以後安排團體活動的參考，謝謝你。

一、參加過團體後，現在你最想告訴團體老師的話是什麼？

二、在此十次的藝術活動課程中，令你印象最深刻的是那一次，爲什麼？

三、在此十次的藝術活動課程中，你最喜歡那一次的課程，爲什麼？

四、你最喜歡用下列那種藝術材料來作美勞（彩色筆、廣告顏料、粉彩、黏
　　土、色紙……等），爲什麼？

曹氏全人發展諮商中心

附錄八　團體紀錄表

團體名稱：＿＿＿＿＿＿＿　第＿＿＿次　日期：＿＿年＿＿月＿＿日

領導人：＿＿＿＿＿＿

記錄人：＿＿＿＿＿＿

應出席：＿＿＿＿人

缺席者：＿＿＿＿＿＿＿＿＿＿＿

遲到者：＿＿＿＿＿＿＿＿＿＿＿

學員位置圖

團體進行記錄（含運作流程、團體動力、氣氛、學員反應）

領導人對記錄回饋		督導評估建議	

附錄九 　成員七之藝術作品

活動一：自己眼中的我／別人眼中的我

九－1

九－2

活動二：自由貼畫

九—3

活動三：音感作畫

九—4

活動四：描身畫——最快
樂時候的我

九—5

活動六：我的情緒

九—6

活動七：十年後長大的我

九—7

活動九：許願磁場

附錄十　本治療團體之活動照

十－1

活動五：送一份禮物給我最感謝的人

十-2

活動八：青蛙家族──心理劇扮演

十-3

活動十：製作畢業紀念冊

國家圖書館出版品預行編目資料

藝術治療團體實務研究：以破碎家庭兒童為
例／陸雅青著.
—初版.—臺北市：五南,民89
　面；　公分.
參考書目：面
ISBN 978-957-11-1980-9（平裝）
1.心理治療　2.藝術治療
178.8　　　　　　　　88016156

1ICA

藝術治療團體實務研究－
以破碎家庭兒童為例

作　　者 － 陸雅青(273)

發 行 人 － 楊榮川

總 編 輯 － 龐君豪

主　　編 － 陳念祖

責任編輯 － 劉靜瑜

出 版 者 － 五南圖書出版股份有限公司

地　　址：106台北市大安區和平東路二段339號4樓

電　　話：(02)2705-5066　傳　　真：(02)2706-6100

網　　址：http://www.wunan.com.tw

電子郵件：wunan@wunan.com.tw

劃撥帳號：01068953

戶　　名：五南圖書出版股份有限公司

台中市駐區辦公室/台中市中區中山路6號

電　　話：(04)2223-0891　傳　　真：(04)2223-3549

高雄市駐區辦公室/高雄市新興區中山一路290號

電　　話：(07)2358-702　傳　　真：(07)2350-236

法律顧問　元貞聯合法律事務所　張澤平律師

出版日期　2000年 1 月初版一刷
　　　　　2011年10月初版五刷

定　　價　新臺幣350元